100 ERSTAUNLICHE FAKTEN FÜR COOLE KIDS

SPANNENDES WISSEN FÜR CLEVERE JUNGS UND MÄDCHEN

SIGNIFANT VERLAG

Impressum

Autor: Signifant Verlag, André Voget, Erlenhofstraße 25, 56235 Ransbach-Baumbach, Deutschland • www.signifant.de

Grafiken kommerziell lizenziert von Vecteezy.com

ISBN 978-3-948577-06-3 (eBook)

ISBN 978-3-948577-07-0 (Taschenbuch)

INHALT

VORWORT

- **Wo regnen Frösche vom Himmel?**
- **Wofür brauchen Astronauten Klebeband?**
- **Warum sind Eier oval?**
- **Warum trugen Piraten Augenklappen?**
- **Kann man im Weltall Bier brauen?**
- **Welches Tier ist das lauteste der Welt?**

Die Antworten auf diese Fragen findest du in diesem verrückten und unterhaltsamen Buch. Der zweite Band der Reihe »Fakten für coole Kids« bietet wieder einhundert spannende Kapitel.

Entdecke einhundert erstaunliche Fakten in diesen zehn Themenbereichen: Sport, Weltraum, Mensch, Wissenschaft, Essen, Schule, Geschichte, unsere Welt, Sprache und Tiere.

Viele Bilder, eine einfache Sprache und kurze Texte machen das Buch auch für Lesemuffel zum Vergnügen. Wenn du Rätsel magst, dann wirst du das große Wissens-Quiz am Ende des Buches lieben!

Und jetzt viel Spaß mit 100 verrückten, kuriosen, spannenden und erstaunlichen Fakten!

WER HAT MEHR HAARE: MENSCH ODER SCHIMPANSE?

MENSCH

Es ist schwer zu glauben, aber wir Menschen haben ungefähr so viele Haare am Körper wie ein Schimpanse.

Es ist nur so, dass unsere Haare im Laufe der Jahrtausende so fein und dünn geworden sind, dass sie fast unsichtbar sind.

Es gibt einige Theorien, warum wir unser schützendes Fell verloren haben. Vermutet wird, dass die haarlosere Haut uns beim Jagen in der Tageshitze half, weil wir weniger schwitzen mussten. Es ist für den Menschen sehr gefährlich, wenn das Gehirn überhitzt.

Ohne Körperbehaarung konnte sich der Mensch auch von Parasiten befreien, die das Fell befallen – blutsaugende Läuse, Flöhe und Zecken, und die Krankheiten, die sie verbreiten.

2
___

WARUM EIER OVAL SIND
ESSEN

Wissenschaftler haben eine Idee, warum Eier oval sind:
Die ovale Form gibt einem Ei seine unglaubliche Stärke.

Du kannst diese erstaunliche Kraft mit einem einfachen Experiment nachvollziehen. Ziehe dir einen Gummihandschuh über die Finger. Umfasse das Ei rundherum und drücke dann richtig fest zu. Versuche dabei, auf alle Seiten des Eis denselben Druck auszuüben.

Wenn das Experiment richtig durchgeführt wird, kann selbst der stärkste Mensch auf der Erde das Ei nicht zerbrechen. Das liegt daran, dass das Ei etwas mit berühmten Werken der Architektur wie dem Pantheon in Rom, Italien, gemeinsam hat.

Dieses Monument hat fast 2000 Jahre überlebt, weil es wie ein ovaler Bogen geformt ist. Wenn etwas darauf platziert wird, trägt kein einziger Punkt in der Kuppel das gesamte Gewicht. Stattdessen wird die Kraft auf alle Punkte verteilt. Genauso ist es auch beim Ei. Wenn du gleichmäßig drückst, tragen alle Punkte des Eis dasselbe Gewicht.

DIESER LÖFFEL GEHÖRT MIR!

GESCHICHTE

Vor dem Jahre 1700 war es in Europa üblich, dass die Menschen ihre eigenen Löffel mit an den Tisch brachten.

Löffel wurden als persönliches Eigentum getragen, so wie man heute Geldbörsen und Schlüsselanhänger bei sich trägt.

Ab etwa dem Jahre 1700 wurde das Tischset populär, das heißt der Tischlöffel, die Tischgabel und das Tischmesser. Etwa zur gleichen Zeit tauchten der Teelöffel und der Dessertlöffel auf.

Im 18. Jahrhundert gab es bereits eine Vielzahl von verschiedenen Arten von Löffeln, darunter Senf-, Salz-, Kaffee- und Suppenlöffel.

4

WO SCHÜLER DEN KLASSENRAUM PUTZEN MÜSSEN

SCHULE

In Japan ist das Putzen des eigenen Klassenzimmers ein Teil der Schulausbildung. Schon die Schüler der ersten Klasse putzen und fegen ihre Klassenzimmer – ja, auch die Toiletten.

Diese Arbeit ist zwar kein Gesetz in Japan, aber jede Schule folgt dieser Tradition. In der östlichen Kultur soll der Schüler so zu einem verantwortungsbewussten Bürger heranwachsen. Und da die Schüler den Raum putzen müssen, verschmutzen sie ihn auch weniger.

WARUM HUNDE IHRE NASENLÖCHER TAUSCHEN

TIERE

Italienische Forscher haben eine Studie veröffentlicht, welche das Geruchsverhalten von 30 Mischlingshunden untersucht.

Den Hunden wurden immer wieder sechs verschiedene Gerüche angeboten: Hundefutter, eine Zitrone, der Duft einer läufigen Hündin, Schweiß von einem bekannten Tierarzt, das Stresshormon Adrenalin und ein Wattestäbchen, das nach nichts roch.

Im Laufe einiger Wochen fiel den Forschern etwas Seltsames auf: Die Hunde wechselten – je nach Geruch – die Nasenlöcher.

Bei den unangenehmen Gerüchen mit dem Tierarzt und dem Stresshormon begannen die Hunde mit dem rechten Nasenloch und wechselten dann zum linken. Bei den angenehmen Gerüchen war es umgekehrt.

Was in das rechte Nasenloch geht, wird auf der rechten Seite des Gehirns verarbeitet, und anders herum. Die rechte Gehirnhälfte verarbeitet intensive Gefühle wie Wut, Fluchtverhalten und Angst. Angenehme Dinge werden mit der linken Gehirnhälfte verarbeitet – und, zumindest bei Hunden, mit dem linken Nasenloch gerochen.

NUR EIN VIERTEL DER SAHARA-WÜSTE IST SANDIG

WELT

Der Gedanke an die Sahara-Wüste beschwört Bilder von endlosen, riesigen Sanddünen herauf. **Entgegen der landläufigen Meinung besteht sie aber nur zu etwa einem Viertel aus Sand.** Überwiegend besteht die Sahara aus Kies und Kieselsteinen.

Den größten Teil der Sahara kannst du dir so vorstellen: ein steiniger Sandboden mit einer harten Kruste (»Wüstenpflaster« genannt), und hin und wieder ein paar verstreute Büsche.

Die Sanddünen verhalten sich anders als Eisgletscher. Sie reiben die Felsformationen nicht glatt, wenn sie sie begraben, sondern erhalten und beschützen sie.

Aber woher kommt der Sand? Sanddünen entstehen, wenn die Natur immer wieder neue Sandkörner produziert, diese aber nicht mit der gleichen Geschwindigkeit zu Kieselsteinen formt.

Die Sahara hat so viele Dünenfelder, weil es vor etwa 8000 Jahren riesige Seen gab, die die heutige Wüste bedeckten. Als diese Seen austrockneten, bildeten ihre sandigen Böden eine reichhaltige Quelle von Sand, die bis heute neue Dünen bilden.

WO ES DIE MEISTEN HAUSAUFGABEN GIBT

SCHULE

PISA heißt eine Studie, die alle drei Jahre durchgeführt wird. Sie untersucht, wie gut Kinder auf der Welt unterrichtet werden.

Dabei wird auch abgefragt, wie viele Stunden pro Woche 15-jährige Kinder an ihren Hausaufgaben sitzen müssen.

- Platz 1: China – 13,8 Stunden pro Woche
- Platz 2: Russland – 9,7 Stunden pro Woche
- Platz 3: Singapur – 9,4 Stunden pro Woche
- Platz 4: Kasachstan – 8,8 Stunden pro Woche
- Platz 5: Italien – 8,7 Stunden pro Woche
- **Platz 36: Deutschland – 4,7 Stunden pro Woche**
- Platz 41: Österreich – 4,5 Stunden pro Woche
- Letzter Platz: Finnland – 2,8 Stunden pro Woche

WARUM 20.000 BIENEN EINEM AUTO FOLGTEN

WELT

Carol Howarth aus Wales plante einen gewöhnlichen Tag im Mai 2016. Sie fuhr in die Stadt, ging in einen Laden, kehrte zurück und – erstarrte. Was tut man, wenn man Tausende und Abertausende von Bienen auf der Heckscheibe seines Autos erblickt?

Zum Glück bemerkte ein Förster die Menschenmenge, die sich gebildet hatte. Er rief umgehend zwei Bienenzüchter an.

Die Imker kamen und fegten einige der Bienen in eine Kiste. Dann warteten sie einfach ab, bis die anderen nachzogen. Nach einiger Zeit konnte Carol Howarth beruhigt nach Hause fahren. Problem gelöst?

Leider nicht. Als sie am nächsten Tag zu ihrem Auto kam, waren die Bienen zurückgekehrt. Erneut halfen die Imker, diesmal mit Erfolg.

Was trieb die Bienen zum Auto? Es wird vermutet, dass die Königin des Bienenstocks irgendwie im Kofferraum des Autos gelandet war. Ein Schwarm von 20.000 Bienen folgte ihr. Als die Bienen das erste Mal entfernt wurden, war die Königin nicht dabei, daher kam ihr Volk zurück. Beim zweiten Mal wurde auch die Königin geschnappt.

WOFÜR IM ALL KLEBEBAND GEBRAUCHT WIRD

WELTRAUM

Was würde passieren, wenn ein Astronaut in einer Raumstation die Nerven verliert und anfängt, das Sauerstoffsystem des Schiffes zu zerstören?

Es stellt sich heraus, dass die amerikanische Weltraumbehörde NASA genau festgelegt hat, was die mitreisenden Astronauten in diesem Fall tun müssten.

Dem verrückt gewordenen Astronauten würden die Handgelenke und Knöchel mit Klebeband umwickelt werden. Er würde mit einem Gummiband festgebunden und bei Bedarf mit Beruhigungsmitteln versorgt werden.

Übrigens gibt es keine Waffen auf einer Raumstation oder einem Raumschiff. Eine Kugel könnte ja die Wand durchbohren, so dass lebensnotwendiger Sauerstoff entweichen würde.

Die NASA hat ein 1051-seitiges Dokument erstellt, das Anweisungen für den Umgang mit jeder möglichen Situation enthält, auch für medizinische Notfälle. Es gibt beispielsweise eine Anleitung, wie man im Fall der Fälle einen eiternden Zahn entfernt.

ORANGE – ZUERST FARBE ODER FRUCHT?
SPRACHE

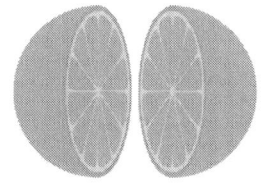

Vielleicht hast du diese Frage schon mal gehört: »Was war zuerst da – das Huhn oder das Ei?« Eine ähnliche Frage stellt sich mit der Farbe Orange. **War zuerst die Frucht da, oder wurde das Obst nach seiner Farbe benannt?**

Die Antwort lautet: Die Farbe Orange wurde nach der Frucht benannt. Zuvor beschrieb man den Farbton als »gelb-rot« oder »rot-gelb«. Was du noch über Orangen wissen solltest:

- Die Orange ist die am häufigsten angebaute Zitrusfrucht der Welt. Die meisten Orangenbäume werden nicht durch einen Schädling zerstört, sondern durch Blitzeinschläge.
- Es war Christopher Kolumbus, der die Orange nach Europa brachte, zusammen mit Limonen und Zitronen.
- Orangen sind gesund, weil sie viel Vitamin C enthalten.
- Die Schalen nutzt man in Parfüms und Teemischungen.
- Es gibt kein Wort, das sich auf »orange« reimt.

WO DIE GRÖSSTE BOWLINGBAHNANLAGE STEHT

SPORT

Das größte Bowlingcenter der Welt steht in Japan, genauer gesagt in Inazawa, das sich zentral zwischen Tokio und Osaka befindet.

Das fast 17.000 Quadratmeter große »Inazawa Grand Bowl« wurde 1972 eröffnet und bietet Platz für 696 Bowler. Das Besondere: **Das Bowlingcenter hat 116 Bowlingbahnen.**

Erstaunlich ist dabei nicht nur die Anzahl, sondern auch, dass alle Bahnen nebeneinander liegen. Von der Eingangsfahrtreppe aus hat man einen großartigen Blick auf alle einhundertsechzehn Bahnen.

WAS MIT DER DRECKIGEN WÄSCHE DER RAUMFAHRER PASSIERT
WELTRAUM

Was machen eigentlich Astronauten auf der Internationalen Raumstation mit ihrer dreckigen Wäsche?

Auf der Internationalen Raumstation gibt es natürlich keine Waschmaschine oder gar einen Trockner. Das mitgebrachte Wasser ist viel zu kostbar, um damit Wäsche zu waschen.

Die Antwort ist, dass Astronauten ihre Kleidung ausziehen und die dreckige Wäsche in ein unbemanntes Nachschubschiff werfen.

Wenn das Nachschubschiff voll ist, dockt es sich ab und fliegt zurück zur Erde. Aber nicht, damit die Wäsche bei der NASA gewaschen wird. Nein, das Schiff fällt in die Erdatmosphäre und verglüht. Problem gelöst.

WARUM PIRATEN WIRKLICH AUGENKLAPPEN TRUGEN

GESCHICHTE

Glaubst du auch, dass Piraten Augenklappen trugen, um ein fehlendes oder verletztes Auge zu verdecken?

Tatsächlich verwendeten Piraten die Augenklappe, um eines der beiden Augen an die Dunkelheit zu gewöhnen. So waren Piraten auch im Dunkeln jederzeit zum Kampf bereit.

Es dauert etwa 25 Minuten, bis sich das menschliche Auge vom hellen Tageslicht an das Sehen in völliger Dunkelheit gewöhnt hat. Diese Zeitspanne war zu lang für einen bewaffneten Kampf und konnte für einen Piraten tödlich enden!

Manchmal kämpfte ein Pirat im Sonnenschein an Deck, und plötzlich verlagerte sich der Kampf unter das Deck – wo es ziemlich dunkel war. Wer dann im Dunkeln nichts sah, war gefährlich im Nachteil.

Ein gut vorbereiteter Pirat schob daher die Augenklappe von einem Auge zum anderen, so dass er mit dem Auge sehen konnte, das sich bereits an die Dunkelheit gewöhnt hatte.

DU HAST MEHR ALS FÜNF SINNE
MENSCH

In der Grundschule lernst du, dass wir Menschen fünf Sinne haben. Jeder Sinn nutzt ein oder mehrere Organe: Wir können sehen mit den Augen, riechen mit der Nase, schmecken mit der Zunge, hören mit den Ohren und fühlen mit der Haut und den Händen.

Es gibt aber immer mehr Wissenschaftler, die behaupten, dass wir Menschen zwischen 22 und 33 Sinne haben, unter anderem:

- **Kinästhetischer Sinn:** die Fähigkeit, Bewegungen relativ zum Körper erkennen. Du kannst deine Augen schließen und trotzdem mit dem Zeigefinger deine Nase finden.
- **Wärmesinn:** Du kannst ein heißes Feuer in einiger Entfernung spüren – durch Hitzesensoren in der Haut.
- **Zeitsinn:** Du kannst schätzen, wie viel Zeit vergangen ist.
- **Vibrationssinn:** Du merkst Änderungen im Hautdruck.
- **Schmerzsinn:** Du kannst Schmerzen in den Gelenken, Knochen und Organen spüren.
- Den **Gleichgewichts- und Beschleunigungssinn** spürst du im Fahrstuhl oder auf einer Achterbahn.

ENGLISCHE ZOOWÄRTER LERNTEN FRANZÖSISCH

TIERE

Bonjour, lieber Pavian! Zoowärter in der englischen Stadt Kent mussten zu französischen Sprachbüchern greifen, um sich mit Pavianen unterhalten zu können.

Das Sprachproblem tauchte im Jahr 2005 auf, als der Zoo in Kent 19 Paviane vom Pariser Zoo geschenkt bekam. Obwohl sich die Affen gut einlebten, verstanden sie nicht, was die Pfleger von ihnen wollten.

Das lag daran, dass die Paviane ihr ganzes Leben lang Befehle in französischer Sprache gehört hatten. Die Tierpfleger lernten notgedrungen einige Kommandos auf Französisch – und es funktionierte.

Kaum sagten sie das Wort »déjeuner« (Mittagessen), kamen die Paviane freudig angerannt, um zu fressen.

WO DU NICKEN MUSST, UM ZU VERNEINEN

MENSCH

 Wenn du mal nach Bulgarien reisen solltest – und der Goldstrand ist wirklich schön –, wirst du schnell eine Besonderheit feststellen. **Die Bulgaren sind eines der wenigen Völker auf der Welt,** die den Kopf schütteln, wenn sie »ja« sagen, und nicken, wenn sie »nein« meinen. Es gibt drei Theorien, wie es dazu kam.

Theorie 1: Als die Osmanen am Ende des 14. Jahrhunderts Bulgarien eroberten, wollten sie, dass die Einheimischen ihre Religion vom Christentum zum Islam wechselten – oder sie wurden getötet. Der Legende nach vertauschten die Bulgaren deshalb die Kopfzeichen. Gefragt, ob sie Muslim werden wollten, nickten die Bulgaren, und meinten damit in ihrem Herzen »nein«.

Theorie 2: Die Tradition schwappte aus Indien nach Bulgarien.

Theorie 3: Als Nomaden kopierten die Bulgaren das Verhalten ihrer Pferde, die den Kopf schüttelten, wenn es Futter gab.

Aufgepasst im Urlaub: Bulgaren, die im Ausland waren, benutzen mittlerweile die Kopfzeichen wie der Rest der Welt – oder mischen sie.

WARUM DER SCHIEFE TURM VON PISA NICHT FÄLLT

WISSENSCHAFT

Der Grund, warum der Schiefe Turm von Pisa geneigt ist, ist derselbe, warum er noch steht.

Es ist nicht so, dass der berühmte Turm mit der Zeit immer weiter nach rechts geneigt ist. Die Bauarbeiten für den Turm begannen im Jahr 1173. Bereits während das dritte Stockwerk errichtet wurde, begann sich der Turm zu neigen. Aber warum?

Das lag an dem weichen Erdboden unter dem Turm. Es hat die Erbauer sicher frustriert, aber eigentlich war es eine glückliche Fügung. Ingenieure haben herausgefunden, dass der weiche Boden verhindert, dass der Turm starke Erdbebenbewegungen mitmacht.

WORAUS OLYMPISCHE GOLDMEDAILLEN BESTEHEN

SPORT

Woraus bestehen eigentlich olympi-sche Goldmedaillen? Man könnte anneh-men: aus Gold, wie der Name schon sagt. Oder etwa nicht?

Die Antwort ist: nicht mehr. Nur bis zur Olympiade 1912 waren die Goldmedaillen aus purem Gold.

Mittlerweile bestehen die olympischen Goldmedaillen zu 93% aus Silber und zu 6% aus Kupfer. Aus Gold besteht nur ein dünner Überzug. Das Regelwerk schreibt vor, dass mindestens sechs Gramm Gold eingearbeitet werden müssen – aber nicht mehr.

Wer die Olympischen Spiele austrägt, darf den Medaillen noch etwas hinzufügen. So erhielten die Medaillen im Jahr 2008 bei den Spielen in der chinesi-schen Hauptstadt Peking zusätzlich einen Ring aus Jade.

SO BEKOMMST DU ORANGEFARBENE HAUT

MENSCH

Wusstest du, dass deine Haut orangefarben wird, wenn du zu viele Karotten isst?

Tatsache ist, dass der Verzehr von zu vielen Karotten zu einer gelblichen Färbung der Haut führen kann. Diese Färbung, die als Carotinämie bezeichnet wird, macht sich vor allem an den Handflächen und Fußsohlen bemerkbar.

Die Carotinämie ist vollkommen harmlos. Sie tritt in der Regel bei Kleinkindern auf, weil sie gerne Gerichte mit Karotten essen.

Die Färbung legt sich wieder, wenn der Betroffene karotinarm isst. Jedoch kann es mehrere Monate dauern, bis die Haut wieder ihre normale Farbe annimmt.

Ersetze nur die Karotten nicht einfach durch Tomaten. Zu viele Tomaten können zu Lycopinämie führen, einer gelb-orangenen Färbung der Haut.

Tipp: Iss einfach nicht zu viel von demselben Gericht.

WARUM SICH SONNE UND MOND ÄHNELN

WELTRAUM

Von der Erde aus gesehen wird bei einer Sonnenfinsternis die Sonne durch den Mond verdeckt. Sonnenfinsternisse finden 2-5 Mal pro Jahr statt, aber meistens nicht dort, wo wir sie gut beobachten können.

Es ist ein unwahrscheinlicher Zufall, dass der Mond die Sonne fast komplett verdecken kann. Es gibt nämlich gar keinen physikalischen Grund dafür.

Der Mond ist etwa 400 Mal kleiner als die Sonne, und die Sonne ist etwa 400 Mal weiter von der Erde entfernt als der Mond. Nur aus diesem Grund hat die scheinbare Scheibe des Mondes fast genau die Größe des Umrisses der Sonne. **Das ist reiner Zufall.**

Das wird nicht immer so sein. Jedes Jahr wächst die Mondumlaufbahn um etwa 3,8 Zentimeter, und unser Tag auf der Erde verlängert sich um etwa 0,00000015 Sekunden. Bei dieser Geschwindigkeit wird der Mond in 50 Millionen Jahren die Sonne nicht mehr vollständig verdecken können. Der Mond wird am Himmel kleiner erscheinen.

Dinosaurier haben eine komplette Sonnenfinsternis nie gesehen. Nur durch Zufall haben wir Menschen das Glück, in einem etwa 100 Millionen Jahre breiten Zeitraum zu leben, in dem totale Sonnenfinsternisse vorkommen können.

WIE DU GEWICHT VERLIERST
WISSENSCHAFT

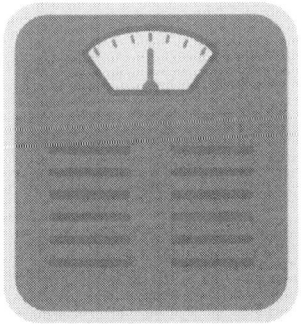

Es ist schwer, überschüssiges Gewicht zu verlieren. Aber was bedeutet überhaupt »Gewicht verlieren«? **Wie wird ein Mensch weniger von sich selbst?**

Viele glauben, dass wir Gewicht durch unsere Ausscheidungen verlieren. Laut einer im British Medical Journal veröffentlichten Studie aus dem Jahr 2014 verlieren wir das meiste Fett durch Atmen.

Etwa vier Fünftel Gewicht verlässt unseren Körper über die Lungen, wenn Fett beim Sport oder im Alltag in Kohlendioxid umgewandelt wird. Das restliche Fünftel wird in Wasser umgewandelt, das unseren Körper durch Urin oder Schweiß verlässt.

WIE WAFFELEISEN ZU BESSEREN SCHUHEN FÜHRTEN

WELT

Der Amerikaner Bill Bowerman war in den 1950er Jahren ein Leichtathletik-Trainer. Er hatte viele Ideen, um die Schuhe seiner Schützlinge zu verbessern, aber die Schuh-Hersteller seiner Zeit wollten nichts davon wissen.

Bowerman ließ sich nicht entmutigen, gründete ein Unternehmen und fertigte seine eigenen Schuhe an. Schon sein erster Schuh brachte deutliche Verbesserungen für die Athleten. Aber er wollte einen noch leichteren Schuh herstellen.

Während eines Waffelfrühstücks mit seiner Frau im Jahr 1970 kam ihm die Idee, die Waffelstruktur auf die Sohle der Laufschuhe zu übertragen. Mit Erfolg: Jeder zweite Laufschuh, der 1980 in den USA verkauft wurde, stammte von Bowermans Unternehmen Nike.

DIE LESE-EPIDEMIE
GESCHICHTE

Heutzutage wird oft beklagt, dass die Menschen immer weniger lesen würden. Daher ist es schwer vorstellbar, dass im 18. Jahrhundert viele Experten das Lesen als Bedrohung ansahen.

»Eine gefährliche Krankheit scheint die Jungen zu befallen«, hieß es. Das Phänomen wurde »Lesesucht« oder »Lesefieber« genannt.

In ganz Europa wurden Berichte über den Ausbruch der so genannten Lese-Epidemie verbreitet. Leser wären sensationssüchtig und würden Anstand und Moral verlieren.

Die überall entfachte Leselust hatte vor allem eine Ursache. Eine neue Art von Büchern war erschienen: der Roman.

Handelten Bücher zuvor vorwiegend von historischen Ereignissen, so gab es nun ausgedachte Abenteuer- und Liebesgeschichten. Zudem warben immer mehr Verlage um die Aufmerksamkeit einer immer größer werdenden Leserschaft.

So kritisiert jede Generation das Neue. War es bei deinen Großeltern die Rock'n Roll-Musik und bei deinen Eltern die Videospiele, so wird heute der Einsatz von Handys beklagt. Aber glücklicherweise liest du ja noch Bücher.

NICHTS LOS AM 11. APRIL 1954
GESCHICHTE

Der am wenigsten interessante Tag in der Geschichte der Menschheit ist Sonntag, der 11. April 1954.

Das behaupten jedenfalls die Softwareentwickler von True Knowledge. Das Suchmaschinenprojekt sammelt Fakten, und von den mehr als dreihundert Millionen Fakten, die es bereits gesammelt hat, sind an jenem Tag nur zwei aufgetreten:

- Ein Fußballspieler namens Jack Shufflebotham ist gestorben.
- Ein türkischer Wissenschaftler namens Abdullah Atalar wurde geboren.

Das klingt wirklich nach einem recht ereignislosen Tag.

DU BIST VIELLEICHT 30 JAHRE ÄLTER

MENSCH

Wie bei einem Huhn hat dein Leben mit einem Ei angefangen. Nicht wie ein klobiges Hühnerei in der Schale, aber trotzdem ein Ei.

Jedoch gibt es einen bedeutenden Unterschied zwischen einem menschlichen Ei und einem Hühnerei. Und das hat überraschende Auswirkungen auf dein Alter.

Menschliche Eizellen sind winzig. Sie haben einen Durchmesser von etwa 0,1 Millimeter – etwa so dick wie ein menschliches Haar.

Dein Ei wurde in deiner Mutter gebildet, aber überraschend ist, wann das war. Das Ei hat sich gebildet, als deine Mutter selbst noch ein Embryo war – angelegt in der Mutter deiner Mutter, aber noch nicht geboren.

Die Bildung deiner Eizelle kann als der allererste Moment deiner Existenz betrachtet werden. Und dies geschah vor der Geburt deiner Mutter. Nehmen wir an, deine Mutter war 30 Jahre alt, als sie dich bekam, dann warst du an deinem zehnten Geburtstag eigentlich schon über 40 Jahre alt.

WER SEINE FRAU AM SCHNELLSTEN TRÄGT

SPORT

Es gibt schon verrückte Sportarten. Eine der verrücktesten ist sicherlich das Frauentragen. Dabei trägt ein Mann eine Frau auf seinem Rücken und muss am schnellsten eine Hindernisstrecke durchqueren.

Der Parcours ist etwa 250 Meter lang und geht über Rasen, Kies und Sand und hat - als Gemeinheit – zusätzlich Vertiefungen und Wassergräben.

Die Weltmeisterschaft wird seit 1992 jährlich in Finnland ausgetragen. Das Siegerpaar erhält ein neues Smartphone, **und gewinnt das Gewicht seiner Frau in Bier**. Der Weltrekord wurde im Juli 2011 aufgestellt und liegt bei 55,5 Sekunden.

Das Paar muss nicht verheiratet sein. Jedoch muss die Frau 17 Jahre oder älter sein und mindestens 49 Kilogramm wiegen. Liegt ihr Gewicht darunter, muss das Paar einen Rucksack mit zusätzlichen Gewichten aufsetzen.

Bei dieser Sportart geht es vor allem um den Spaß. Nicht nur das schnellste Paar gewinnt, sondern auch das lustigste Paar, das Paar mit dem schönsten Kostüm und der stärkste Träger.

Übrigens: Die Regeln erlauben ausdrücklich, dass auch die Frau den Mann tragen darf.

DER HÄUFIGSTE BUCHSTABE
SPRACHE

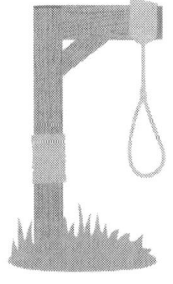

Kennst du das Buchstabenspiel »Galgen-männchen«? Du musst ein Wort Buchstabe für Buchstabe erraten. Liegst du falsch, wird ein Galgen mit einem weiteren Strich gezeichnet. Du gewinnst, wenn du das gesuchte Wort errätst, bevor der Galgen zu Ende gemalt ist.

Um das Spiel zu gewinnen, solltest du wissen, welche Buchstaben am häufigsten in der deutschen Sprache vorkommen. Zu diesem Zweck wurden viele Bücher, Zeitungen und Texte untersucht. Die häufigsten Buchstaben im Deutschen sind in dieser Reihenfolge:

E-N-I-S-R-A-T-D-H-U-L-C-G-M-O-B-W-F-K-Z-P-V-ß-J-Y-X-Q

Die häufigsten Buchstaben am Anfang eines Wortes sind: D, S, E, I und W. Die häufigsten Endbuchstaben sind: N, E, R, T und S.

So verteilt sich die Häufigkeit im Englischen: E-T-A-O-I-N-S-H-R-D-L-C-U-M-W-F-G-Y-P-B-V-K-J-X-Q-Z.

Im Französischen: E-S-A-I-T-N-R-U-L-O-D-C-P-M-É-V-Q-F-B-G-H-J-À-X-Y-È-Ê-Z-W-Ç-Ù-K-Î-Œ-Ï

Jetzt kannst du Galgenmännchen in drei Sprachen gewinnen.

DIE SECHSTKLÄSSLERIN UND DER MARS
WELTRAUM

Im Jahr 2011 baute die amerikanische Weltraumbehörde NASA ein Roboter-Raumschiff, das auf einem fremden Planeten herumfahren und von der Erde aus gesteuert werden konnte.

Ein solches Raumschiff wird »Rover« genannt. Mit seinen 17 Kameras an Bord war es der fortschrittlichste Rover, den die NASA je gebaut hatte. Der Rover sollte die Marsoberfläche erkunden und untersuchen, ob dort jemals Leben möglich war. Seit der Landung am 5. August 2012 versuchte der Rover die Grundbausteine des Lebens zu finden: Wasserstoff, Stickstoff, Sauerstoff und Kohlenstoff.

Wissenschaftler und Ingenieure verbringen so viel Zeit mit Rovern, dass die Roboter fast zu Haustieren werden. Und genau wie Haustiere bekam der Mars-Rover einen Namen, der viel über seine »Persönlichkeit« aussagt.

»Curiosity« erhielt seinen Namen von der Schülerin Clara Ma. Sie nahm als Sechstklässlerin an einem Aufsatz-Wettbewerb teil, um den Mars-Rover zu benennen. Ihr Aufsatz wurde aus 9000 Einsendungen ausgewählt. Clara Ma durfte sogar ihren Namen auf den Rover schreiben, bevor er verpackt wurde und zum Mars flog.

SCHWANGERSCHAFTSTESTS VOR 3000 JAHREN
GESCHICHTE

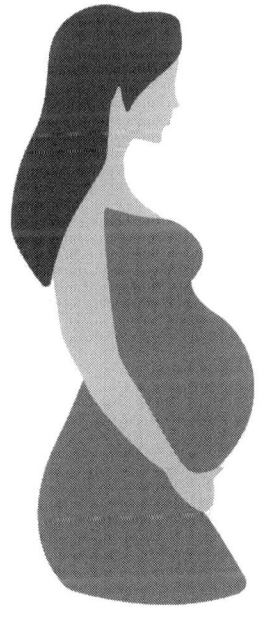

Eine der frühesten schriftlichen Aufzeichnungen über einen Schwangerschaftstest befindet sich in einem altägyptischen Dokument.

Ein Papyrus beschrieb einen Test, mit dem Frauen prüfen konnten, ob sie schwanger waren. Dazu mussten sie mehrere Tage lang auf Weizen- und Gerstensamen urinieren.

Im Papyrus steht: »Wenn die Gerste wächst, bedeutet das ein männliches Kind. Wenn der Weizen wächst, bedeutet das ein weibliches Kind. Wenn beide nicht wachsen, wird die Frau kein Kind tragen.«

Eine wissenschaftliche Überprüfung im Jahr 1963 ergab, dass der Test eine Erfolgsrate von immerhin 70 Prozent hat.

ATOME SIND SEHR KLEIN UND LEER
WISSENSCHAFT

Alles auf der Erde - du, deine Eltern, deine Mitschüler, dein Haustier, sogar deine Wohnung, die Straßen oder die Schule - alles besteht aus kleinsten Teilchen, den Atomen.

Man kann es sich kaum vorstellen, aber diese Atome sind selbst fast komplett leer. Ein Atom ist so leer, es ist, als würdest du in deiner Schule – alle Stockwerke und alle Räume zusammengenommen – ein Salzkorn verstecken.

Wenn du das kaum glauben kannst, dann warte nur ab. Wenn man den gesamten leeren Raum aller Atome herausnehmen würde, und das Verbliebene zusammenfassen würde, dann ist es, als wären alle Menschen auf der Erde so groß wie ein einziger Apfel.

Nicht nur sind Atome sehr leer, sie sind auch besonders klein. Ein einzelnes Haar von dir besteht aus über einer Million Atomen.

In einem Teelöffel Wasser befinden sich drei Mal so viele Atome wie Teelöffel Wasser im Atlantischen Ozean zwischen Europa und Amerika. Kannst du das glauben? Es ist schwer, aber es wird noch unglaublicher. Wenn du diese Atome des Teelöffel Wassers hintereinander legen würdest, wäre das eine Strecke von 50 Milliarden Kilometer – zehn Mal die Breite unseres Sonnensystems.

WO DIE STÄDTE MIT DEN MEISTEN EINWOHNERN LIEGEN
WELT

Das sind die Städte mit den meisten Einwohnern:

1. Tokio, Hauptstadt von Japan, 38 Millionen Einwohner
2. Delhi, Stadt in Indien, 26 Millionen Einwohner
3. Shanghai, Stadt in China, 24 Millionen Einwohner
4. São Paulo, Stadt in Brasilien, 21 Millionen Einwohner
5. Mumbai, Stadt in Indien, 21 Millionen Einwohner
6. Mexiko-City, Hauptstadt von Mexiko, 21 Mio. Einwohner
7. Peking, Hauptstadt von China, 20 Millionen Einwohner
8. Osaka, Stadt in Japan, 20 Millionen Einwohner
9. Kairo, Hauptstadt von Ägypten, 19 Millionen Einwohner
10. New York, Stadt in den USA, 18 Millionen Einwohner

Wie du siehst, befinden sich die größten Städte der Welt vor allem in Asien. Die größten Städte in Europa sind Istanbul in der Türkei (Platz 15 mit 15 Mio. Einwohnern), Paris in Frankreich (Pl. 25, 11 Mio.) und London in England (Pl. 28, 10 Mio.).

Die größten Städte Deutschlands sind Berlin (Pl. 114 / 3,5 Mio.), Hamburg (257 / 1,8 Mio.) und München (330 / 1,4 Mio.).

VERRÄTERISCHE KÖRPERSPRACHE, TEIL 1
SPRACHE

Du sprichst nicht nur mit der Sprache, sondern auch durch andere Körpersignale, zum Beispiel wie du deine Arme und Hände hältst, wie deine Füße stehen und in welche Richtung du guckst. Schaue genau hin, um verräterische Signale bei anderen zu entdecken:

- Deine Augen blinzeln sechs bis acht Mal pro Minute. Wenn du lügst, blinzelst du häufiger.
- Von allen Gesichtsausdrücken ist das Lächeln der verräterischste. Es gibt 18 verschiedene Arten zu lächeln, aber nur eines, das sogenannte Duchenne-Lächeln, spiegelt echte Glücklichkeit wider.
- Menschen fühlen sich unwohl, wenn eine Person zu nahe kommt. Bei Amerikanern ist dies etwa 80 cm, bei Japanern 30 cm. Menschen auf dem Land brauchen mehr Abstand.
- Wenn eine Person beide Arme und Beine kreuzt, hat sie sich innerlich aus dem Gespräch zurückgezogen.
- Es gibt nur sechs Gesichtsausdrücke, die überall auf der Welt gleich sind: Wut, Ekel, Angst, Glück, Traurigkeit und der Ausdruck von Überraschung.

VERRÄTERISCHE KÖRPERSPRACHE, TEIL 2
SPRACHE

Weitere Körpersignale, die du erkennst, wenn du genau hinguckst:

- Frauen lachen mit Männern, die sie attraktiv finden. Männer eher mit Frauen, die über ihre Witze lachen.
- Wollen Menschen ein Gespräch beenden, zeigen sie »Fluchtreaktionen«, zum Beispiel reiben oder schließen sie die Augen, oder drehen ihre Füße zum Ausgang.
- **Sind Menschen nervös, beruhigen sie sich mit unbewussten Handlungen**, zum Beispiel spielen sie mit ihren Haaren oder massieren ihren Nacken.
- Bei Stress beruhigen sich manche Menschen, indem sie die Hände an den Schultern reiben, wie bei einer Umarmung.
- Wenn zwei Menschen miteinander reden, stehen ihre Füße gegenüber. Wenn eine Person die Füße leicht wegdreht, ist das ein starkes Zeichen für Uneinigkeit.
- Man empfindet Menschen netter, wenn sie den Kopf neigen.
- Wenn Menschen nebeneinander sitzen, zeigt bei gekreuzten Beinen das eine Bein zur Person, die man mag.

DER HARMLOSESTE KRIEG ALLER ZEITEN
GESCHICHTE

Zwischen unserem Nachbarland Niederlande und den im Atlantik liegenden Scilly-Inseln herrschte **335 Jahre Krieg – aber kein Tropfen Blut wurde vergossen**.

Etwa 45 Kilometer südwestlich von Großbritannien liegt eine winzige Inselgruppe namens Scilly. Nur fünf der Inseln sind bewohnt, mit einer Gesamtbevölkerung von etwas mehr als 2000 Menschen. Dies ist der unwahrscheinliche Schauplatz des längsten Krieges der Geschichte, der im Jahr 1651 begann.

Zu dieser Zeit waren die Niederlande und England verfeindet. Die Niederlande erklärte den Scilly-Inseln den Krieg, aber andere Ereignisse ließen sie die Kriegserklärung vergessen.

Im Jahr 1985 war Roy Duncan, ein in Scilly arbeitender Historiker, neugierig darauf, mehr über die Situation zu erfahren. Er wandte sich an die niederländische Botschaft. Das brachte die Dinge ins Rollen.

Am 17. April 1986 kam es schließlich zur Unterzeichnung eines längst überfälligen Friedensvertrages zwischen beiden Ländern.

AM HÄUFIGSTEN EINGELOCHT

SPORT

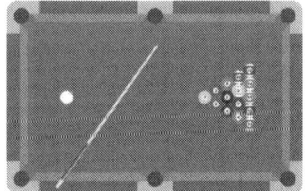

Hast du schon Mal Billard gespielt? Wenn ja, dann weißt du sicher, wie schwer es ist, eine Kugel in eines der sechs Löcher auf dem Billardtisch zu stoßen.

Aus diesem Grund hielt der Rekord des Amerikaners Willie Mosconi (1913 - 1993) sehr lange. Im Jahr 1954 schaffte er es, 526 Mal ein Loch zu treffen – hintereinander und ohne Aussetzer. Alle Zuschauer mussten den Rekord mit ihrer Unterschrift beglaubigen.

Ein Rekord für die Ewigkeit? Jetzt nicht mehr. Am 27. Mai 2019, nach 65 Jahren, schaffte der amerikanische Billardprofi John Schmidt (geb. 1973) einen neuen Rekord: 626 Treffer.

Monatelang hatte er intensiv und hartnäckig geübt. Immer wieder schaffte er 490 Treffer, ganz knapp vor Mosconis Rekord. Dann gelang es ihm doch, und er legte gleich noch 100 Treffer obendrauf.

IM WELTALL KANN BLUT RÜCKWÄRTS FLIESSEN

WELTRAUM

Schwerelosigkeit – wie sie im Weltall herrscht – kann seltsame Auswirkungen auf den menschlichen Körper haben. Es hat sich sogar herausgestellt, dass sie den Blutfluss eines Menschen beeinflussen kann.

Nach der Rückkehr von der Internationalen Raumstation auf die Erde wurden die Blutgefäße der Astronauten gemessen.

Ein interessantes Ergebnis gab es in einer Halsvene, die normalerweise Blut aus dem Kopf bewegt, wenn wir uns zum Schlafen hinlegen.

Bei zwei Astronauten war der Blutfluss in dieser Vene rückwärts gerichtet – vielleicht, weil die fehlende Schwerkraft dazu führte, dass sich die Organe in der Brust verschoben und die Vene nach unten gedrückt wurde.

Bei fünf weiteren Astronauten bewegte sich das Blut kaum vor oder zurück. Ein solches Blutgerinnsel könnte sogar tödlich enden. Um das zu verhindern, müssen zukünftige Astronauten blutverdünnende Medikamente einnehmen.

37

VORSICHT VOR FALSCHEN SPRACHFREUNDEN!

SPRACHE

In der Sprachwissenschaft gibt es »falsche Freunde«. So nennt man Worte in einer Fremdsprache, die wie ein deutsches Wort klingen, aber eine völlig andere Bedeutung haben. Ein paar Beispiele:

- Dänisch: »hyggelig« ist nicht hügelig, sondern »gemütlich«.
- Englisch: »brave« heißt nicht »brav«, sondern »mutig«.
- Englisch: »cream« ist keine Körpercreme, sondern Sahne.
- Englisch: Der »genie« ist kein »Genie«, sondern ein Flaschengeist.
- Englisch: Wenn dir jemand auf Englisch »gift« anbietet, dann gibt er dir nicht etwa Gift, sondern ein Geschenk.
- Englisch: Wenn ein Engländer ins »gymnasium« geht, dann geht er in die Sporthalle.
- Englisch: Ein »physician« ist kein Physiker, sondern Arzt.
- Amerikanisches Englisch: Der »first floor« ist nicht der erste Stock, sondern das Erdgeschoss.
- Holländisch: Das »kleinkind« ist das Enkelkind.
- Französisch: »vase« bedeutet »Schmutz«.
- Rumänisch: »Prost« bedeutet »doof«.

37

WARUM FRÖSCHE VOM HIMMEL REGNEN

TIERE

Seit der Antike berichten Menschen von seltsamen Regenfällen: Frösche, Kröten und Fische fallen vom Himmel.

Heraklides Lembus, ein griechischer Philosoph im zweiten Jahrhundert v. Chr., schrieb: »Es hat Frösche geregnet. Die Zahl dieser Frösche war so groß, dass die Häuser und die Straßen voll davon waren.«

Das Phänomen gibt es auch in unserer Zeit. Im Jahr 2005 sollen Tausende von klitzekleinen Fröschen auf eine Stadt im Nordwesten Serbiens herabgeregnet sein. Eine Zeitung schrieb: »Die Frösche überlebten den Sturz und hüpften auf der Suche nach Wasser herum.«

Forscher glauben, dass die Ursache dieser Froschregenfälle eine Wasserhose oder ein Tornado sein muss. Der Tornado fährt über einen See und saugt einen Haufen Frösche und Fische auf. Dann wirft er die Tiere kilometerweit entfernt an anderer Stelle ab.

Andere seltsame Regenfälle enthalten Maden, Nüsse, Pflanzensamen, Schlangen oder Steine. Einmal regnete es sogar Golfbälle, als ein Tornado über einen Golfplatz in Florida, USA, fegte.

DIESER FLUSS FÜHRT KOCHENDES WASSER

WELT

In einem Fluss im peruanischen Dschungel ist die Wassertemperatur so heiß, dass das Wasser kocht.

Lange Zeit galt dieser Fluss als eine Legende von Ureinwohnern, bis der Geophysiker Andrés Ruzo den Fluss entdeckte und seine Beobachtungen veröffentlichte.

Es gibt noch andere kochende Flüsse auf der Erde, aber sie liegen immer in der Nähe von Vulkanen. Dieser Fluss nicht. Daher glaubte Ruzo zunächst, dass die hohe Temperatur von einer nahe gelegenen Öl- und Gasförderung verursacht wurde.

Es stellte sich heraus, dass der Fluss eine natürliche Erscheinung ist. Das Wasser ist so heiß, weil es von sehr tief unter der Erdoberfläche aufsteigt. Gleichzeitig ist das Wasser schnell genug, dass es nicht abkühlt, bevor es in den Fluss fließt.

Der dampfende, mit türkisfarbenem Wasser gefüllte Fluss ist an einigen Stellen bis zu fünf Meter tief.

Die Einheimischen glauben, dass ein sehr großer Schlangengott namens Yacumama, »Mutter des Wassers«, das Flusswasser einheizt. Der Medizinmann des Stammes nutzt daher das heilige Wasser, um Medikamente für die Einheimischen herzustellen.

WELTRAUMBIER

WELTRAUM

Am frühen Morgen des 13. Juni 2019 um 4.23 Uhr in der Nacht startete das Deutsche Zentrum für Luft- und Raumfahrt von seiner nordschwedischen Raketenbasis eine rund zwölf Meter lange Höhenforschungsrakete.

Der über 20 Meter lange Feuerschweif schob eine rohrförmige, wissenschaftliche Nutzlast ins Weltall – bis auf 260 Kilometer Höhe.

Im Rohr befanden sich zehn verschiedene Experimente von Physikern und Biologen, darunter einige kleine Fläschchen mit flüssiger Hefe. Hefe wird genutzt, um Brot zu backen oder Bier zu brauen.

Es sollte untersucht werden, ob Hefe auch in der Schwerelosigkeit seine Wirkung behält. Das wäre interessant für zukünftige, mehrmonatige Raumflüge, zum Beispiel zum Mars.

Auf einem solchen Flug zum Mars müssten Astronauten mit allen lebenswichtigen Vitaminen versorgt werden, wie auch Vitamin B12. Da sie kein tierisches Fleisch oder schwere Nüsse mitnehmen könnten, wäre Hefe eine leichtgewichtige Alternative. Und vielleicht könnten dann Astronauten Bier auf dem Mars brauen.

WELCHES WORT JEDER AUF DER WELT VERSTEHT

SCHULE

Wenn du dich mit deinen Mitschülern unterhältst, benutzt du unbemerkt eine Reihe von Füllwörtern wie »äh«, »hm« oder »hä?«.

Diese Füllwörter sind in fast jeder Unterhaltung vorhanden, dennoch wurden sie bislang von Sprachforschern ignoriert. Forscher aus den Niederlanden entdeckten nun ihre wichtige Rolle für die Sprache.

Sie untersuchten besonders das »hä?« oder »hm?«, eine Art stimmliches Fragezeichen. Man benutzt es, wenn man etwas nicht verstanden hat und der andere das Gesagte wiederholen soll.

Die Sprachforscher untersuchten Aufnahmen in zehn verschiedenen Sprachen, darunter Spanisch und Chinesisch, aber auch Sprachen von Ureinwohnern aus Ecuador, Australien und Ghana.

Sie fanden heraus, dass »hä?« überall benutzt wird. In allen Sprachen gab es nicht nur ein Wort, das eine rasche Klärung einleiten sollte, sondern seine Form ähnelte immer »hä?« oder »hm?«.

Der Begriff »Hä« steht sogar im Duden-Wörterbuch, als Ausdruck des Nichtverstehens oder Unwissens. Hä?

42

DIESER FUSSBALLSPIELER WECHSELTE SICH ZUM SIEG EIN

SPORT

Eine der vielen kuriosen Fußball-Geschichten fand am 23. Juni 1973 in einem DFB-Pokal-Endspiel statt. Borussia Mönchengladbach und der 1. FC Köln bestritten das Finale, das in die Geschichte einging.

Zur Halbzeit stand es 1:1. Der Gladbacher Nationalspieler und Weltmeister Günter Netzer saß auf der Ersatzbank, aber die Fans forderten ständig seine Einwechslung. Der Gladbacher Trainer Hennes Weisweiler wollte ihn einwechseln, doch Netzer winkte ab.

In der zweiten Halbzeit wurde das Spiel rasant. Gladbach verschoss einen Elfmeter, und später war der Pfosten im Weg. Die Kölner hatten ähnliches Pech und trafen zweimal nur die Latte.

Ohne Sieger ging das Spiel in die Verlängerung. Jetzt hielt es Günter Netzer nicht mehr auf der Ersatzbank. **Knapp teilte er seinem Trainer mit: »Ich spiel' dann jetzt« und wechselte sich selbst ein.**

Schon mit seiner zweiten Ballberührung erzielte der selbst eingewechselte Netzer den 2:1-Siegtreffer in der 94. Spielminute. Das war gleichzeitig der Endstand.

Es war keine große Überraschung, dass Günter Netzer am Ende der Saison zum Fußballer des Jahres gewählt wurde.

WAS WISSENSCHAFTLER AUS FÄKALIEN LERNEN
GESCHICHTE

Kann man aus unseren Darmausscheidungen etwas lernen? Aber ja, und das sogar noch nach eintausend Jahren.

Forscher haben den Aufstieg und Fall von Cahokia untersucht, einer alten, großen Stadt in Missouri, USA.

Frühere Ausgrabungen von Häusern in der Gegend ergaben, dass die Bevölkerung der Stadt um das Jahr 600 zu wachsen begann und mit Zehntausenden von Einwohnern um das Jahr 1100 ihren Höhepunkt erreichte. Um das Jahr 1400 leerte sich die Stadt wieder.

Wie kann man das wissen? Durch Fäkalbakterien, je nachdem wie viel gefunden wird, wo und in welcher Höhe im Boden oder im Meer.

NUR DAS WORT »NUR«

SPRACHE

Entdecke, wie sich der Sinn eines Satzes ändert, wenn man das Wort »nur« an verschiedenen Stellen einfügt.
Der Satz lautet: »Sie sagte ihm, dass sie ihn liebe«.

Nur sie sagte ihm, dass sie ihn liebe.

Sie sagte nur ihm, dass sie ihn liebe.

Sie sagte ihm nur, dass sie ihn liebe.

Sie sagte ihm, dass nur sie ihn liebe.

Sie sagte ihm, dass sie ihn nur liebe.

WARUM ACHTERBAHNEN ERFUNDEN WURDEN

GESCHICHTE

Achterbahnen sind eine der beliebtesten Freizeitbeschäftigungen der Welt. Besucher eines Freizeitparks warten manchmal stundenlang, um Geschwindigkeit, scheinbare Gefahr und Nervenkitzel zu erleben.

Seltsamerweise war nichts davon der Grund für die Erfindung der Achterbahn.

Ende des 19. Jahrhunderts störte es den zutiefst religiösen Amerikaner LaMarcus Adna Thompson, dass seine Mitmenschen ihre Freizeit in Bars und Tanzsälen verbrachten, Glücksspiele spielten und Alkohol tranken.

Auf einer Reise nach Pennsylvania stieß Thompson auf Menschen, die auf einer alten Minenbahn fuhren – zum Spaß.

Das inspirierte ihn zu seiner ersten »Achterbahn«, die im Frühjahr 1884 in Coney Island, New York, gebaut wurde.

Seine Hoffnung war, dass seine »Switchback Railway« genannte Bahn die Menschen an die frische Luft bringen und aus den Bars heraushalten würde.

IN DEINER KLASSE HABEN ZWEI AM SELBEN TAG GEBURTSTAG

WISSENSCHAFT

Hast du schon mal vom Geburtstagsparadox gehört?
Stelle dir 23 Menschen vor, vielleicht deine Schulklasse. Unter diesen 23 Menschen ist es wahrscheinlich, dass zwei am selben Tag Geburtstag haben. Die Wahrscheinlichkeit ist größer als halbe-halbe.

Je mehr Schüler in deiner Klasse sind, desto wahrscheinlicher ist es, dass zwei am selben Tag Geburtstag haben. Bei 60 Personen findet sich sogar fast immer ein Geburtstagspaar.

Das klingt erst einmal unlogisch. Es gibt 365 Tage im Jahr – warum soll die Wahrscheinlichkeit schon bei 23 Personen so hoch sein?

Der Grund ist, dass es nicht auf die einzelne Person ankommt, sondern auf Personen-Paare. Die erste Person vergleicht ihren Geburtstag mit 22 anderen Personen. Die zweite Person vergleicht mit 21 anderen Personen (die erste Person wurde ja bereits mit der zweiten verglichen). Wenn wir alle Vergleiche zusammenzählen

$$22 + 21 + 20 + 19 + 18 + 17 + 16 + 15 + … = 253$$

dann kommen wir auf 253 mögliche Paare. Das heißt, von 365 Tagen im Jahr können 253 übereinstimmen. Das ist wahrscheinlich.

WARUM DER MOND MEHR KRATER ALS DIE ERDE HAT

WELTRAUM

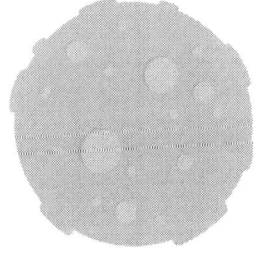 **Eigentlich trifft ein Meteorit eher die Erde als den Mond, weil die Erde größer ist.** Tatsächlich finden wir aber Tausende von Kratern auf dem Mond, und auf der Erde nur 180. Eigentlich wurde die Erde in ihrer 4,5 Milliarden Jahre währenden Geschichte oft getroffen, aber:

- Die Erdatmosphäre lässt die meisten Meteoriten vor dem Aufprall auf die Erde verbrennen. Der Mond hat keine solche Schutzatmosphäre.
- Dank der Erdatmosphäre haben wir Wetter auf der Erde. Wind und Regen verwittern mit der Zeit die Krater.
- Wälder (Bäumen, Wurzeln) verwischen Kraterspuren.
- Zwei Drittel der Erdoberfläche ist Wasser. Viele Krater verbergen sich vielleicht im Meer.

Fazit: So ziemlich jede winzige Delle, die auf der Mondoberfläche entsteht, wird dort bleiben. Auf der Erde nicht.

NICKERCHEN VERLÄNGERN DEIN LEBEN

MENSCH

Wer tagsüber schläft, gilt oft als faul. Amerikanische Forscher überprüften diese Annahme und verfolgten die Schlafgewohnheiten von 23.000 Erwachsenen.

Sie fanden heraus, dass Menschen gesünder waren, die 30-minütige Siestas machten.

Seit langem ist bekannt, dass Erwachsene aus dem Mittelmeerraum seltener an Herzproblemen leiden als Nordeuropäer. Oft wird die Ernährung dafür verantwortlich gemacht.

Die Wissenschaftler kamen aber zu dem Schluss, dass ein Nickerchen besser hilft als eine Diät oder körperliche Fitness. Der Schlaf hilft, den Stress des Alltags abzubauen und den Blutdruck zu senken.

WARUM RAUMFAHRER DINGE FALLEN LASSEN

WELTRAUM

Unser menschlicher Körper nimmt die Anziehungskraft der Erde als selbstverständlich hin. Es ist daher überraschend, dass sich der Mensch erstaunlich gut an die Schwerelosigkeit im Weltraum anpassen kann.

Die meisten Astronauten empfinden das Fehlen der Schwerkraft berauschend. Aber die Schwerelosigkeit erschwert alltägliche Dinge sehr, angefangen beim Essen bis hin zum Schlafen. Die Anpassung an den Weltraum führt zu einigen sehr komplexen Veränderungen im menschlichen Körper.

Wenn Astronauten zur Erde zurückkehren, muss ihr Körper sich an die Schwerkraft wieder gewöhnen. Die meisten Raumfahrer haben dann Schwierigkeiten, das Gleichgewicht zu halten. Wenn sie ihre Augen schließen, kippen sie oft um. Aber die Desorientierung dauert in der Regel nur wenige Tage, und es scheint keine langfristigen Probleme zu geben.

Es gibt allerdings eine Anpassung, die etwas länger dauert und lustig ist. Mehrere Raumfahrer berichteten, dass sie Monate nach ihrem Flug immer noch gelegentlich einen Becher oder ein anderes Objekt in der Luft loslassen – und sehr überrascht sind, wenn er auf den Boden fällt.

LAUTSPRACHEN UND TONSPRACHEN
SPRACHE

Es gibt nicht nur viele Sprachen auf der Welt, sondern auch viele Arten von Sprachen. Zum Beispiel die Gebärdensprache, die Zeichensprache, die geschriebene Sprache, die Bildsprache und natürlich die Lautsprache, mit der wir sprechen.

Darüber hinaus gibt es die Tonsprache. Bei ihr spielt beim Sprechen die Höhe des Tons und der Tonverlauf eine entscheidende Rolle. Die chinesische Sprache Mandarin unterscheidet vier bis fünf Töne:

- Der erste Ton ist hoch und wird fast gesungen. So ausgesprochen bedeutet das Wort »mā« »Mutter«.
- Der zweite Ton steigt von einem mitteltiefen Ton zu einem hohen Ton, wie bei »stimmt's?« im Deutschen. Das Wort »mā« bedeutet in dieser Tonhöhe »Hanf«.
- Der dritte Ton fällt von mitteltief nach tief und steigt dann wieder zu mitteltief. Das Wort »mā« bedeutet hier »Pferd«.
- Der vierte Ton fällt scharf nach unten, wie etwa beim Befehl »Los!«. Das Wort »mā« bedeutet nun »schimpfen«.
- Der fünfte Ton ist neutral, klingt nur kurz und wird von manchen Sprachforschern nicht als eigener Ton betrachtet.

DU KANNST RHABARBER BEIM WACHSEN HÖREN

ESSEN

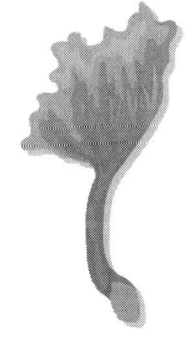 Als die Menschen in den 1800er Jahren entdeckten, dass sich der Rhabarber als Ersatz für andere Früchte eignet, stieg die Nachfrage stark an. **Züchter entwickelten eine ungewöhnliche Methode,** Rhabarber in größeren Mengen als je zuvor zu produzieren.

Die Rhabarberpflanzen dürfen auf den Feldern zwei Jahre lang natürlich wachsen. Während dieser Zeit speichern die Pflanzen in ihren Wurzeln Sonnenenergie in Form von Kohlenhydraten.

Nach dieser Zeit, meist in den Wintermonaten, werden die Rhabarberpflanzen in einen beheizten Schuppen gebracht, der völlig dunkel gehalten wird.

Zugeführte Wärme bewirkt, dass die Pflanzen die gespeicherte Energie nicht mehr für die Herstellung von Blättern verwenden. Stattdessen werden die Stängel größer und damit auch süßer.

Diese Methode ist so erfolgreich, dass man den Rhabarber sogar wachsen hört, wenn man in den Stall geht. Überall brechen die Knospen lautstark auf, so dass man ein ständiges Knarren hört.

PFERDE KÖNNEN ZEICHENSPRACHE LERNEN

TIERE

Menschen nutzen Pferde seit Jahrtausenden für Landwirtschaft, Sport und Freizeit. Neuerdings gehören sie auch zu den Tieren, die mit dem Menschen mit Hilfe von Symbolen kommunizieren können.

Ein Pferdetrainer in Norwegen hat 2016 mit verschiedenen Pferderassen gearbeitet. **Er entwickelte ein Werkzeug, mit dem Pferde »gefragt« werden können,** ob sie bei unterschiedlichen Wetterbedingungen eine Decke tragen möchten.

Die Pferde lernten, mit der Schnauze ein Brett zu berühren. So konnten sie anzeigen, ob sie eine Decke tragen wollten oder nicht.

Ihre Entscheidungen waren nicht zufällig, sondern passten sinnvoll zum jeweiligen Wetter.

ABILENE-PARADOX: ALLE TUN, WAS KEINER WILL

SCHULE

Stelle dir vor, in einer Schulklasse soll abgestimmt werden, wohin die nächste Klassenfahrt führen soll.

Max bekommt schnell Heimweh, doch er will seine Klassenkumeraden mit einem tollem Reiseziel beeindrucken. Er ruft: »London!«

Anna weiß, dass das Geld in ihrer Familie knapp ist, doch sie will nicht, dass das jemand mitkriegt. Also stimmt sie zu: »Ja, London!«

Paul ist schlecht in Englisch und würde lieber dorthin fahren, wo man Deutsch spricht. Aber er ist in Anna verknallt und sagt: »London klingt super!«

Lea war schon mal in London. Sie würde lieber nach Italien fahren. Aber da ihr bester Freund Paul für London gestimmt hat, sagt sie: »Auf nach London!«

Das Verhalten dieser Schüler nennt man das Abilene-Paradox. Eigentlich will keiner nach London, aber alle stimmen dafür. Im Allgemeinen stimmen Menschen ungerne gegen die Meinung einer Gruppe. Niemand will der zickige Spielverderber sein.

Das Abilene-Paradox ist ein Beispiel für schlechte Kommunikation. Wenn nur eine Person ehrlich seine Meinung sagen würde, wären alle besser dran.

MIT SCHWARZEM PFEFFER DIE MIETE BEZAHLEN

ESSEN

Wenn ein Mensch aus dem Mittelalter in einen unserer heutigen Supermärkte reisen könnte, wäre er über alle Maßen erstaunt.

Sicherlich würde ihn die große Auswahl an Lebensmitteln beeindrucken, die aus fast allen Teilen der Welt geliefert werden.

In besonderem Maße ungewöhnlich wären für ihn aber einzelne Lebensmittel, die früher ein Luxusgut für sehr reiche Bürger waren, aber heute sehr billig sind.

Schwarzer Pfeffer beispielsweise war ein unerschwingliches Gewürz, weil es aus weit entfernten Ländern wie Indien beschafft werden musste. Pfeffer war damals so kostspielig, dass man mit ihm Mieten und Steuern bezahlen konnte.

Im Mittelalter war das Essen wesentlich anders als heute. Selbst für reiche Bürger war Gemüse eine Seltenheit. Noch schlimmer war es für die armen Bauern, die neun Zehntel der Bevölkerung stellten. Sie aßen in der Regel Brot, Brei und gelegentlich Fleischragout.

SOLANGE MUSST DU EINEN BECHER KAKAO ANSCHREIEN

MENSCH

Ein Gedankenexperiment: Um eine Tasse Kakao zu erwärmen, braucht man Energie. Schreien ist eine Form von Energie. **Kann man also eine Tasse Kakao erwärmen, indem man sie anschreit?**

Lass uns mal überlegen. Schreien ist Schall. Leider bewegt der Schall nur eine relativ geringe Menge an Energie. Das Erwärmen einer Tasse Kakao benötigt jedoch relativ viel Energie.

Der Durchschnittsmensch schreit mit einer Lautstärke von etwa 80 Dezibel. Das bringt etwa 0,001 Watt Energie mit sich – 100.000 Mal weniger als die Energie, die man für eine 100-Watt-Birne benötigt.

Wenn wir diese Energie auf eine Tasse Kakao mit 0,25 Litern richten würden, würde ein Schrei von einer Sekunde den Kakao um 0,00000095 Grad Celsius erwärmen.

Um den Kakao auf 40 Grad Celsius zu erwärmen, müsstest du daher sehr lange schreien: ein Jahr, vier Monate, zwei Tage, sieben Stunden, 54 Minuten und 23 Sekunden.

Bevor du heiser wirst und Ärger mit deiner Familie bekommst, nimm lieber den Herd oder die Mikrowelle.

WER DIE HITZE AM LÄNGSTEN AUSHÄLT
SPORT

Wusstest du, dass es von 1999 bis 2010 eine Sauna-Weltmeisterschaft gab? Gewinner war, wer die längste Zeit bei 110 Grad Celsius aushielt. **Das ist heißer als ein Topf mit kochendem Wasser.**

Den absoluten Rekord schaffte 2008 der Finne Bjarne Hermansson, der sagenhafte 18 Minuten und 15 Sekunden überstand.

Im Jahr 2010 fand die letzte Meisterschaft statt, weil der Sport für die Teilnehmer zu gefährlich wurde.

NAMENS-VERWIRRUNG BEI DER FUSSBALL-WELTMEISTERSCHAFT

SPORT

10. Juli 1994, wir befinden uns im Giants Stadium in New York, USA. Es ist das Viertelfinale der Fußball-Weltmeisterschaft. Bulgarien gegen Deutschland.

Die erste Halbzeit endete torlos. Kurz nach der Pause wird Jürgen Klinsmann im Strafraum der Bulgaren gefoult. Den Elfmeter verwandelt Lothar Matthäus sicher zum 1:0 für Deutschland.

Dann ein Doppelpack der Bulgaren innerhalb von drei Minuten. In der 75. Minute erzielt Stoitschkow den Anschlusstreffer, und in der 78. Minute erhöht Letschkow zum 2:1 für Bulgarien.

Deutschland setzt alles auf eine Karte und rennt ein ums andere Mal auf das gegnerische Tor. Doch es nützt nichts. Bulgarien gewinnt das Spiel und zieht ins Halbfinale ein.

Die Presse überlegt nach dem Spiel, was schief gelaufen war. Lag es vielleicht an den Namen der bulgarischen Spieler? Vielleicht fällt dir ja was an der bulgarischen Spieleraufstellung auf:

Michajlow (Torwart) – Chubtschow, Zwetanow, Iwanow, Kiriakow (Verteidiger) – Letschkow, Jankow, Sirakow, Balakow (Mittelfeld) – Kostadinow, Stoitschkow (Sturm).

Alle Namen enden auf »ow«. Bulgarien wurde übrigens Vierter.

DEIN GEHIRN WIRD NIEMALS VOLL
SCHULE

Leider, leider musst du aufhören, für die Klassenarbeit zu lernen, weil dein Gehirn voll ist und nichts mehr reinpasst? **Das ist eine lustige Ausrede, aber nicht richtig.**

Amerikanische Forscher haben errechnet, dass das menschliche Gehirn sehr viel mehr Informationen aufnehmen kann als bisher angenommen: etwa 5-20 Petabyte an Daten.

Zwanzig Petabyte passen auf 20.000 Festplatten mit je einem Terabyte. Das sind zwanzig Billiarden (20.000.000.000.000.000) Zeichen – genug, um alle aktuellen Inhalte des Internets zu erfassen.

Mit dieser Forschungsarbeit bestätigt sich, dass unser Gehirn der leistungsfähigste Computer ist, den es auf der Welt gibt. Selbst mit modernsten Supercomputern ist es nicht möglich, so große Datenmengen zu bewältigen – schon gar nicht mit den nur 20 Watt Energie, die unser Gehirn benötigt.

Die Forscher hoffen, dass ihre Arbeit andere inspiriert, diese Eigenschaften des Gehirns in neuen, effektiveren Computern nachzubilden.

NICHT IMMER MACHT REGEN DIE ERDE NASS

WELT

Regen macht die Erde nass? Überraschenderweise nicht immer. An sehr trockenen, heißen Orten verdunstet der Regen manchmal, bevor er auf den Boden trifft.

Bei einem solchen Wetter hängen an den Regenwolken mehrere graue Streifen gerade oder schräg herunter. Man nennt dieses Wetterphänomen »Virga«, lateinisch für Zweig, denn die grauen Streifen sehen aus wie Zweige oder Äste.

Virga entsteht, wenn bei extrem trockener Luft der Regen aus hoher Höhe herunterfällt, und dabei auf eine sehr warme Schicht trifft.

Wenn die nassen Regentropfen oder Eiskristalle auf die warme, trockene Luft treffen, nehmen sie die Wärme auf und verwandeln sich direkt in Wasserdampf.

Auf diese Weise wird der Luft viel Wärme entzogen. Manchmal wird die Luft dann so kalt, dass der Regen doch noch fällt. Dieser plötzliche Umschwung kann für Flugzeuge gefährlich werden.

Virga kann hoch oben in der Atmosphäre das Sonnenlicht reflektieren und so ein brillantes Schauspiel mit Sonnensäulen erzeugen.

DIE TASTATUR SOLL DICH AUSBREMSEN

WELT

Wenn du auf deinem Handy einen Text eingeben willst, erscheint eine Tastatur. **Hast du dich schon mal gefragt, warum die Tasten in der Reihenfolge QWERTZ statt ABCDEF angeordnet sind?**

Im Jahr 1874 stellte das amerikanische Unternehmen »Remington & Sons« die erste Schreibmaschine her, die berühmte Remington Number 1. Diese mechanische Schreibmaschine hatte für jeden Buchstaben und jede Zahl eine eigene, kleine Stange im Inneren.

Wenn man eine Taste fest anschlug, schwenkte die zugehörige Buchstabenstange in ein mit Tinte beschichtetes Band. So wurde der Abdruck des Zeichens auf das Papier übertragen, das sich hinter dem Band befand.

Wenn man jedoch schnell tippte, dann kam es häufig zu einem Problem: Die Stangen verklemmten ineinander.

Aus diesem Grund ordnete man die häufigsten Buchstaben voneinander entfernt an. Diese Anordnung ist bis heute so geblieben.

Jetzt weißt du, warum die Buchstaben auf der Tastatur nicht sortiert sind und du sie suchen musst.

SPORT MACHT HUNGRIG

SPORT

Der Super Bowl ist das Finale der amerikanischen American-Football-Liga. Er findet am ersten Sonntag im Februar statt und ist eines der größten Sportereignisse weltweit.

Und was machen Menschen vor dem Fernseher, besonders wenn sie sich Sport ansehen? Genau, essen. Am liebsten frittierte Hühnerflügel, auch Chicken Wings genannt.

Jedes Jahr wird die Anzahl der verspeisten Hühnerflügel am Super Bowl-Sonntag größer. Letztes Jahr soll die unfassbare Menge von 1.350.000.000 Hühnerflügeln gegessen worden sein.

Aneinandergereiht reichen die Hühnerflügel aus, um drei Mal die Erde zu umrunden.

WOFÜR JEDE VIERTE HASELNUSS GEBRAUCHT WIRD

ESSEN

Der Zweite Weltkrieg ist schuld, dass die Nuss-Nougat-Creme »Nutella« so schmeckt, wie sie jetzt schmeckt. Nach dem Krieg konnte der italienische Schokoladenhersteller Ferrero nicht genug Kakao bekommen. Nach einigen Experimenten verwendete er statt Kakao Haselnüsse und nannte das Produkt zunächst »SuperCrema«.

Mittlerweile wird jede vierte Haselnuss auf der Welt für Nutella verwendet. Aber woher bekommt Nutella seine Haselnüsse?

Früher wuchsen die Haselnussbäume vor allem in der Türkei in der Nähe der Schwarzmeerküste. Die türkischen Haselnussplantagen hatten jedoch irgendwann mit schlechtem Wetter zu kämpfen. Es kam zu Ernteausfällen und zu einer weltweiten Haselnussknappheit.

Aus diesem Grund werden Haselnüsse heute an so unterschiedlichen Orten wie Australien, Chile, Georgien und Südafrika angebaut. Sogar Universitätslabors wie in Oregon, USA, bauen sie an – in einer Klimazone, in der Haselnüsse normalerweise nicht gedeihen würden.

Nutella ist übrigens so beliebt, dass sein Erfinder, Michele Ferrero, bis zu seinem Tod im Jahr 2015 der reichste Mann Italiens war.

WER DIE MEISTEN ANSCHLÄGE ÜBERLEBTE

GESCHICHTE

Fidel Castro (1926 - 2016) war der Staatspräsident des Landes Kuba.

Da es in Kuba keine freien Wahlen gab, regierte er das Land fast fünfzig Jahre lang und konnte nicht abgewählt werden.

Aus diesem Grund wurde oft versucht, ihn umzubringen.

Der ehemalige Direktor des kubanischen Geheimdienstes behauptete einmal, **dass es 638 Versuche gab, den Diktator zu töten.** Castro überstand sie alle schadlos.

Eingesetzt wurden unter anderem ein vergifteter Taucheranzug, zerplatzende Zigarren, die Droge LSD, das sehr giftige Metall Thallium und sogar explodierende Muscheln.

Einmal wurde sogar eine Frau geschickt, um ihn zu verführen. Castro behauptete hinterher, er habe ihre Absichten aufgedeckt, ihr eine Pistole angeboten und ihr gesagt, sie solle ihn töten. Sie aber hatte Gewissensbisse und konnte es nicht tun.

NACHRICHT FÜR UNS IN ACHT MILLIONEN JAHREN

WELTRAUM

Ein Satellit ist ein von Menschen gebauter Flugkörper, der um die Erde kreist. Zwei besondere Exemplare sind die LAGEOS-Satelliten.

Der erste LAGEOS-Satellit wurde von der Weltraumbehörde NASA gebaut und 1976 in den Orbit gebracht. Er fliegt noch immer in einer Höhe von knapp 6000 Kilometern und braucht drei Stunden und 45 Minuten für seinen Flug um die Erde.

Da er über 400 kg wiegt, aber nur 60 cm groß ist, wird seine Umlaufbahn kaum durch andere Objekte gestört. Der zweite LAGEOS-Satellit kam 1992 in den Orbit und ist fast identisch mit dem ersten. **Aber was macht die Satelliten so besonders?**

Ihre Umlaufbahnen sind so stabil, dass die zwei Satelliten genutzt werden, um Punkte im Weltall zu messen. Durch ihre stabile Flugbahn werden sie erst nach 8,4 Millionen Jahren wieder den Orbit verlassen. Dieser Umstand wird auch dafür genutzt, um uns Menschen in 8,4 Millionen Jahren eine Nachricht von heute zu schicken.

Die Nachricht ist auf beiden Satelliten auf einer 18 cm breiten und 10 cm hohen Plakette aus rostfreiem Stahl angebracht. Die Plakette zeigt die Bewegung der Kontinente, Binärzahlen, einen menschlichen Handabdruck, und wie unsere Erde um die Sonne kreist.

WIE EIN ELFJÄHRIGER EIS AM STIEL ERFAND

ESSEN

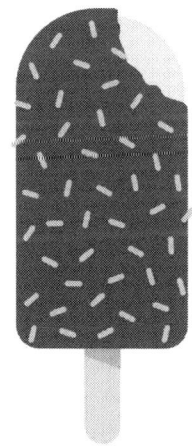

Wenn du das nächste Mal ein Eis am Stiel isst, dann danke Frank Epperson für diese Erfrischung.

Dieser elfjährige Junge aus San Francisco, USA, erfand im Jahr 1905 das Speiseeis – aus Versehen.

Er goss Wasser in ein Glas, schüttete zuckerhaltiges Sodapulver hinein und verrührte die Mischung mit einem Holzstab. Das Getränk ließ er versehentlich über Nacht im Freien, wo es in der Kälte gefror.

Am nächsten Morgen konnte Epperson das gefrorene Eis mit dem Holzstab aus dem Glas ziehen. Er probierte vorsichtig und war schlagartig begeistert von seiner Erfindung. Epperson begann, die Leckerei in seiner Nachbarschaft zu verkaufen.

Jahre später verkaufte Epperson das Eis in einem nahe gelegenen Vergnügungspark. Dort wurde es eifrig verzehrt. Getragen von diesem Erfolg meldete Epperson 1924 ein Patent an, für »gefrorenes Konfekt, das ohne Teller, Löffel oder Gabel verzehrt werden kann«.

WAS FILME FALSCH DARSTELLEN
WELT

Filme im Fernsehen oder im Kino wollen eine spannende Geschichte erzählen. **Um Langeweile zu vermeiden, sehen wir daher nie, wie die Hauptperson Toilettenpapier kauft.** Auch andere Dinge werden zugunsten der Dramatik zurechtgebogen:

- Wenn Menschen im Film zu Hause frühstücken, dann gibt es fast immer ein reichhaltiges Büffet.
- Niemand beendet seine Mahlzeit oder räumt den Tisch ab.
- Wenn der Fernseher im Hintergrund läuft, dann ist fast immer eine Nachrichtensendung zu sehen.
- Wenn eine Filmszene in einem Büro stattfindet, arbeiten die Hauptpersonen nicht. Sie reden nur miteinander.
- Wenn eine Frau in einem Actionfilm unterwegs ist, hat sie immer eine perfekte Frisur, ohne losgerissene Strähnen.
- Filmfiguren sind meistens unbeeindruckt von Explosionen, weil sie erst später am Computer hinzugefügt werden.
- Wohnungen sind doppelt so groß, als sich die Filmfigur mit der im Film erwähnten Arbeit leisten könnte.
- Am Telefon wird sich nie verabschiedet.

DAS TÖDLICHSTE TIER KANNST DU LEICHT ZERQUETSCHEN

TIERE

Wenn wir an tödliche Tiere denken, stellen wir uns Schlangen oder Haie vor. **Aber das bei weitem tödlichste Tier der Welt ist die Stechmücke.**

Sie tötet jedes Jahr über 725.000 Menschen, während Schlangen schätzungsweise 50.000 Menschen, und Haie nur zehn töten. Keine Sorge, die Stechmücken und Schlangen in Nordeuropa sind harmlos.

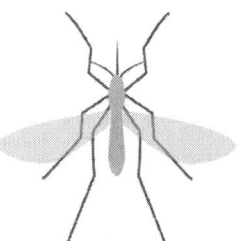

Stechmücken sind so gefährlich, weil sie Viren übertragen können. Auf diese Weise verbreiten sie Malaria, Dengue- oder Gelbfieber.

Nun wird versucht, sie komplett auszurotten. Dazu werden sehr viele unfruchtbare Männchen freigesetzt. Wenn sie sich paaren, produzieren die Weibchen nicht lebensfähige Nachkommen.

68

WARUM FAST-FOOD-KETTEN LAUTE MUSIK SPIELEN

ESSEN

Forscher führten eine Studie in einem italienischen Restaurant durch. Sie untersuchten, wie sich das Verhalten der Restaurantgäste ändert, wenn langsame oder schnelle Musik gespielt wird.

Sie stellten fest, dass bei langsamer Musik die Gäste 13 Minuten länger im Restaurant blieben. Außerdem wurde erkannt, dass die Gäste bei lauter Musik mehr Geld für Essen und Getränke ausgaben.

Damit bestätigt diese Studie eine Reihe anderer Studien, die seit Jahren immer zum selben Ergebnis kommen.

Das wissen auch die Fast-Food-Ketten. Diese spielen zur Mittagszeit gerne laute, schnelle Musik. Die Plätze im Restaurant sind knapp, und die Gäste sollen dazu bewegt werden, schneller zu essen, mehr Geld auszugeben und zügig das Restaurant zu verlassen.

DER ERFINDER DES RUBIKWÜRFELS KONNTE IHN NICHT LÖSEN

WISSENSCHAFT

Hast du schon einmal mit einem Zauberwürfel gespielt und versucht, ihn zu lösen? Das ist gar nicht so einfach. Viele Menschen schaffen wenigstens eine der sechs Seiten, aber nur wenige schaffen alle Seiten des Würfels auf einmal.

Wenn es aber einer schaffen sollte, dann doch der Erfinder selbst, oder? Professor Ernő Rubik wollte im Jahr 1974 mit dem Würfel seinen Studenten Geometrie im dreidimensionalen Raum beibringen.

Als der Würfel schließlich fertiggestellt vor ihm stand, konnte er das von ihm erfundene Zauberrätsel nicht lösen. Er erinnerte sich: »Es fühlte sich an, wie auf ein Dokument zu starren, das in einem geheimen Code geschrieben war. Aber es war ein Code, den ich selbst erfunden hatte! Dennoch konnte ich ihn nicht lesen.«

Schließlich lernte es doch noch und konnte den Würfel in unter einer Minute lösen. Das kannst du übrigens auch schaffen, denn bei YouTube gibt es viele Schritt-für-Schritt-Anleitungen. Nur Mut.

WIE EIN KÖNIG EIN EIGENES ALPHABET SCHUF

SPRACHE

Die Koreaner verwenden ein eigenes, einzigartiges Alphabet, das Hangul genannt wird. Im Gegensatz zu anderen Alphabeten wurde Hangul von einem König geschaffen.

Während seiner Herrschaft im 15. Jahrhundert beklagte König Sejong sich darüber, dass nur Gelehrte die komplizierten chinesischen Schriftzeichen lesen und schreiben konnten. Das einfache Volk konnte es nicht.

Darüber hinaus kannte die chinesische Schrift keine Wörter, die aus Korea stammten. König Sejong wollte daher eine eigene Schrift für Korea, die gleichzeitig für das einfache Volk leicht zu erlernen war.

Im Jahr 1446 schuf er das erste koreanische Alphabet. Von den ursprünglichen 28 Buchstaben sind 24 noch heute in Gebrauch.

Das Alphabet und die Zeichen sind so einfach, dass koreanische Kinder im Alter von drei Jahren in der Lage sind, erste Wörter zu schreiben. Auch gibt es kaum Analphabeten im Land.

DU SIEꞮ ꞱT KEIN SCHWARZ IN EINEM ꞱNKLEN RAUM

ꞱꞱSCHAFT

SCHWARZ
EIGENGRAU

Schließe deine Augen. Welche Farbe siehst du? Schwarz? Siehe lieber nochmal genauer hin.

Wenn wir unsere Augen schließen oder in völlige Dunkelheit treten, dann sehen die meisten Menschen ein undeutliches Grau, das oft aus wechselnden Bereichen von winzigen schwarzen und weißen Punkten besteht.

Was wir sehen, ist visuelles Rauschen. Diese Farbe wird »Eigengrau« genannt. Das deutsche Wort wird sogar im Englischen verwendet, denn im Jahr 1860 hat der deutsche Philosoph und Physiker Gustav Theodor Fechner den Begriff Eigengrau erfunden.

Die Farbe Eigengrau wird heller wahrgenommen als schwarze Gegenstände bei normalem Licht. Das liegt daran, dass bei der Wahrnehmung von Farben der Kontrast wichtiger ist als die Helligkeit.

Wenn du in den Nachthimmel schaust, dann erscheint er dunkler als er eigentlich ist. Das liegt am Kontrast zu den hell leuchtenden Sternen.

WARUM DEINE FREUNDE MEHR FREUNDE HABEN

SCHULE

Zähle mal, wie viele Freunde du hast, und wie viele Freunde deine Freunde haben. Sicher fällt dir auf, dass deine Freunde mehr Anschluss haben. Willkommen beim Freundschaftsparadox.

Der amerikanische Soziologe Scott L. Feld entdeckte dieses Phänomen im Jahr 1991. Er untersuchte Freundschaftsbeziehungen auf sozialen Netzwerken im Internet. Dabei entdeckte er, dass jeder etwas weniger beliebt war als seine Freunde.

Klingt unmöglich? Zunächst ja. Es liegt aber daran, dass einige wenige Menschen sehr, sehr viele Freunde haben. Und dass es wahrscheinlich ist, dass einer dieser superbeliebten Leute auch zu deinen Freund zählt.

In diesem Fall haben – im Durchschnitt – alle deine Freunde mehr Freunde als du. Man ist halt gerne mit Leuten befreundet, die ohnehin beliebt sind. Aber du weißt ja, dass nicht die Anzahl entscheidend ist.

WENN DIE ANANAS DICH ZURÜCKFRISST

ESSEN

Manche Menschen essen eine frische und saftige Ananas und haben dann ein seltsames Gefühl auf der Zunge – so, als hätte man die Zunge mit feinem Sandpapier geschmirgelt.

Internetforen sind voll von Beschwerden über wunde Zungen, blutendes Zahnfleisch und spröde Lippen nach dem Verzehr von Ananas. Was ist die Ursache dafür?

Der Grund ist das Enzym Bromelain. Die Ananas ist die einzige bekannte Quelle in der Natur für dieses Enzym. Das Besondere an Bromelain ist, dass es Eiweiß verdaut. Wenn du also eine Ananas isst, isst die Ananas dich zurück.

Keine Sorge, sobald du die Ananas geschluckt hast, zerstört deine Magensäure das Bromelain vollständig.

Bromelain kann bei einer Reihe von Beschwerden und Krankheiten helfen. Es wird zum Beispiel eingesetzt, um Entzündungen und Schwellungen zu behandeln, besonders nach Operationen.

Es spricht also nichts gegen eine gelegentliche Pizza Hawaii.

WIE OFT DU EIN DIN A4-BLATT FALTEN KANNST

SCHULE

Wie oft kannst du ein DIN A4-Blatt in der Mitte falten?
Öfter als sieben Mal? Probiere es mal aus!

Wer es noch nie versucht hat, weiß gar nicht, wie schwierig es ist, Papier häufig zu falten. Ein DIN A4-Blatt Papier lässt sich nur mit großer Mühe sieben Mal in der Mitte falten.

Man unterschätzt, dass sich die Papierdicke mit jeder Faltung verdoppelt. Wenn du es noch öfter schaffen würdest:

- 23 Faltungen machen das Papier einen Kilometer dick.
- Mit 42 Faltungen kommst du bis zum Mond.
- Mit 53 Faltungen bis zur Sonne (Achtung, Papier brennt)
- 103 Faltungen machen das Papier dicker als das sichtbare Universum.

GRÜNE, GELBE, ROTE PAPRIKA SIND NICHT DASSELBE GEMÜSE

ESSEN

Viele glauben, dass grüne, gelbe und rote Paprika-schoten von derselben Pflanze stammen. Es wird angenommen, dass Paprikaschoten zunächst grün sind, sich dann mit zunehmender Reife gelb und orange färben, bevor sie schließlich rot werden. Tatsache ist: Das kann so sein, muss aber nicht.

In einem Saatgutkatalog werden verschiedene Samen für verschiedene Paprikasorten angeboten. Es gibt Samen für grüne, rote, gelbe und orangefarbene Paprikasorten.

Es stimmt aber auch, dass einige grüne Paprika im Supermarkt unreife rote Paprika sind. Aber einige grüne Paprika sind vollreif und waren schon immer grün.

Es gibt eben solche und solche Paprikapflanzen. Eine Sorte fängt gelb an und bleibt auch gelb. Eine andere Sorte beginnt grün und wird dann violett.

Das ist von Pflanze zu Pflanze verschieden. Eines gilt jedoch immer: Paprikaschoten sind sehr gesund. Eine mittelgroße Paprika ist gut für deine Augen und deckt deinen Tagesbedarf an Vitamin C.

WIE WÖLFE DIE LANDSCHAFT VERÄNDERN KÖNNEN

TIERE

Der Yellowstone-Nationalpark in Kalifornien, USA, hatte ein Problem: Es gab viel zu viele Hirsche, und dadurch zu wenige Pflanzen, Gräser und Büsche.

Der Grund war, dass 1926 der letzte Wolf getötet wurde. 70 Jahre später erkannten Biologen, dass dies ein Fehler gewesen war. Sie brachten die Wölfe zurück in den Park.

 **Die Auswirkungen waren dramatisch.** Die Wölfe fraßen viele Hirsche, so dass die Hirsche Orte im Park mieden, an denen sie leicht gefressen werden konnten. Das führte zu mehr Pflanzen und Gräsern.

Mit den Pflanzen wurden Vögel und Biber wieder heimisch. Die Biberdämme ihrerseits wurden zu Lebensräumen für neue Tierarten wie Otter, Bisamratten, Enten, Fische, Reptilien und Amphibien.

Die Wölfe töteten auch Kojoten, was mehr Kaninchen und Mäuse ermöglichte. Das führte zu mehr Falken, Wieseln, Füchsen und Dachsen. Sogar die Flüsse veränderten ihren Lauf, weil die Gräser dem Flussufer mehr Halt gaben.

DAS SONNENKRAFTWERK

WISSENSCHAFT

Die Sonne ist etwa 150 Millionen Kilometer von der Erde entfernt und über 100 Mal so groß wie unser Planet.

In ihrem Innern verschmelzt sie Wasserstoff zu Helium. Diese Kernfusion sorgt dafür, dass die Sonne strahlt. Leben auf der Erde ist nur dank dieser Strahlung überhaupt erst möglich.

Irgendwann ist der Wasserstoffvorrat der Sonne erschöpft. Das wird jedoch noch etwa 5000 Millionen Jahre dauern. Aus menschlicher Sicht ist die Sonne daher eine schier unerschöpfliche Energiequelle.

Die wichtigste Aufgabe der Sonnenenergie liegt in der Erwärmung der Erde, und darin, den Pflanzen Energie zu liefern. Auch das Wetter und Wasserkreisläufe werden durch die Sonne beeinflusst.

Die Energiemenge, die die Sonne zur Erde schickt, ist rund 5000 Mal größer als wir Menschen überhaupt an Energie benötigen. Das bedeutet, dass wir eigentlich keine anderen Energiequellen wie Öl, Gas, Kohle, Holz, Wasser oder Wind brauchen.

Leider gibt es zwei Einschränkungen. Wir können die Sonnenenergie nicht komplett in Strom umwandeln oder sie verlustfrei speichern. In beiden Bereichen gibt es aber jedes Jahr große Fortschritte.

WIE GEBÄRDENSPRACHE FUNKTIONIERT
SPRACHE

Gehörlose – also Menschen, die nicht hören können – unterhalten sich mit Hilfe der Gebärdensprache. Sie bilden Worte mit ihren Händen und Armen (Gestik), mit Bewegungen von Augen und Mund (Mimik) sowie mit ihrer Körperhaltung.

Die Gebärdensprache ist von Land zu Land anders. In der amerikanischen Gebärdensprache kann das Alphabet mit einer Hand gezeigt werden. In der deutschen und britischen Gebärdensprache kommen zwei Hände zum Einsatz.

Gebärdensprachen haben eigene Grammatiken. So müssen zum Beispiel Fragen von der richtigen Augenbrauenposition begleitet werden.

Wenn eine Person Fragen stellt, die sich auf wer, was, wo, wann und warum beziehen, dann werden die Augenbrauen niedrig gehalten. Wenn die Frage mit Ja oder Nein beantwortet werden soll, werden die Augenbrauen hochgezogen.

Trotz aller Schwierigkeiten sehen sich Gehörlose nicht als behindert an. Sie haben ihre eigene Kultur und unterhalten sich in einer eigenen Sprache. Wenn du einen Gehörlosen nicht verstanden hast, dann tue nicht so als ob. Das würde ihn kränken.

FÜR EINE ERINNERUNG BRAUCHST DU EINE ZWEITE

WISSENSCHAFT

Bist du bereit für ein Gedankenexperiment? Erinnere dich an deinen ersten Schultag oder deinen ersten Besuch beim Friseur. Merkst du, dass dir nicht nur ein kleines Detail einfällt, sondern eine ganze Reihe weiterer Erinnerungen?

Gehirnwissenschaftler am University College in London entdeckten, dass wir eine einzige Erinnerung nie ganz alleine abrufen können.

Die Forscher glauben, dass das Gehirn mehrere einzelne Erinnerungen sammelt und sie zusammen speichert. Wenn wir dann eine Erinnerung abrufen, kommen viele weitere zum Vorschein.

SCHATZ, WANN HABEN UNSERE KINDER GEBURTSTAG?

WELT

Kannst du dir eine Familie vorstellen, in der zwei Kinder am selben Tag Geburtstag haben – ohne Zwillinge zu sein? Schon das wäre ein großer Zufall, aber wie steht es mit drei oder vier Kindern?

In der amerikanischen Familie Cummings feiern sogar fünf Kinder am selben Tag Geburtstag. Fünf der sieben Geschwister haben am 20. Februar Geburtstag, ohne dass darunter Zwillinge oder Drillinge sind.

Katharina, Carol, Charles, Claudia und Cecilia wurden alle in getrennten Jahren geboren. Die Wahrscheinlichkeit für denselben Geburtstag von fünf Einzelkindern beträgt 18 Milliarden zu 1.

GIBT ES DINOSAURIERKNOCHEN AUF ALLEN KONTINENTEN?

WISSENSCHAFT

Als die Dinosaurier vor fast 230 Millionen Jahren lebten, waren alle Länder der Welt in einem einzigen Kontinent vereint.

Vor etwa 160 Millionen Jahren, der sogenannten Jurazeit, begann dieser große Superkontinent zu zerfallen. Nach und nach spalteten sich weitere Landmassen ab, bis hin zu den heutigen Kontinenten.

Das bedeutet, dass Dinosaurier auf allen Kontinenten der Erde lebten, sogar in der Antarktis. **Warum aber finden wir ihre Knochen nur an bestimmten Orten?**

Wir können sie nur an den Orten finden, an denen die Wetter- und Bodenbedingungen genau richtig waren, um die Knochen zu versteinern. Wissenschaftler spekulieren auch, dass es viele kleinere Dinosaurier gegeben hat, von denen wir nichts wissen, weil ihre Knochen zu klein waren, um zu versteinern.

Übrigens wurden Dinosaurier-Überreste auch in Deutschland gefunden. 1834 fand Johann Friedrich Engelhardt den erst fünften gefundenen Dinosaurier weltweit. Dieser Plateosaurus hatte einen giraffenartigen Hals und wurde bis zu zehn Meter lang.

DRECKIGE WÄSCHE PER POST
GESCHICHTE

Heutzutage hat jeder eine Waschmaschine zu Hause, aber das war nicht immer so. Beispielsweise nutzten amerikanische Universitätsstudenten sogenannte Wäschepostfächer.

Große, wiederverwendbare Versandbehälter boten eine bequeme Möglichkeit, dreckige Wäsche zu verschicken. Der Versand von schmutziger Kleidung nach Hause zur Mutter war billiger als eine professionelle Reinigung. Von den 1910er bis in die 1960er Jahre war der Versand von Wäsche eine attraktive Option für Studenten, Schüler in Ferienfreizeiten und Militärpersonal.

Mütter schickten ihren studierenden Kindern nicht nur saubere Wäsche zurück, sondern auch Nahrungsmittel, insbesondere Süßigkeiten. Moderne Waschmaschinen, die das Waschen von Kleidung vor Ort einfacher machten, beendeten die Wäschepost.

WARUM COMICFIGUREN HANDSCHUHE TRAGEN

WELT

Warum tragen so viele Comicfiguren Handschuhe, zum Beispiel Micky Maus, Donald Duck, Pinocchio oder Super Mario? Auf diese Frage gibt es drei mögliche Antworten:

1. Es kostet viel Zeit, die Bewegungen der Comicfiguren zu zeichnen. Handschuhe sind einfacher zu zeichnen als Finger.
2. Comicfiguren müssen auch in schwarz-weiß gedruckten Büchern gut aussehen. Weiße Handschuhe stechen bei schwarzer Haut heraus, wie etwa bei Micky Maus.
3. Comicfiguren ähneln Menschen. Micky Maus sollte keine Maushände haben, sondern menschliche.

DER TAUCHREFLEX BEI BABYS

MENSCH

 Alles Leben auf der Erde begann in den Ozeanen. Auch bei uns Menschen gibt es noch Überbleibsel aus dieser Zeit. Am besten kann man das beim Tauchreflex beobachten.

Der Tauchreflex ist bei Meerestieren wie Walen, Delfinen, Robben und Ottern stark ausgeprägt – **aber auch bei menschlichen Babys.**

Wenn ein Baby in kaltes Wasser getunkt wird, verändert sich die Funktionen seines Körpers:

- Das Herz schlägt langsamer.
- Die Blutgefäße verengen sich.
- Organe werden vor dem Druckanstieg geschützt.

Diese Anpassungen erlauben es dem Baby, unter Wasser zu überleben, obwohl es noch nicht willentlich die Luft anhalten kann.

Leider verliert sich der Tauchreflex schon einige Wochen nach der Geburt. Durch regelmäßigen Kontakt mit Wasser verstärkt er sich aber wieder. Professionelle Taucher trainieren ihn sogar bewusst.

GRASHÜPFER HABEN OHREN IN IHREM BAUCH

TIERE

Im Gegensatz zu Menschen haben Heuschrecken keine Ohren an der Seite ihres Kopfes – sondern am Bauch.

Wie die Menschen hören Heuschrecken mit einem dünnen Membran, dem »Trommelfell«. Bei erwachsenen Heuschrecken ist das Trommelfell durch die Flügel abgedeckt und geschützt. Trotzdem können Heuschrecken die Geräusche ihrer Artgenossen hören.

Mit ihren Trommelfellen können die Insekten nicht nur hören, sondern auch selbst Geräusche erzeugen – laute Schwingungen.

Männliche Heuschrecken benutzen diese Schwingungen, um Weibchen zu rufen und ein Gebiet für sich zu beanspruchen.

Die Weibchen können dann anhand der Tonhöhe des Rufs die Größe des Männchens beurteilen. Große Männchen machen tiefere Geräusche.

Andere Männchen hören die Schwingungen natürlich auch und beurteilen mit ihnen die Größe ihrer Rivalen. Mit Hilfe dieser Informationen werden Kämpfe mit größeren Männchen vermieden, oder kleinere Rivalen aus ihrem Gebiet vertrieben.

DIE LAUTESTEN TIERE DER ERDE
TIERE

Meistens wollen Tiere nicht gefunden werden, aber manchmal nützt es ihnen auch, sehr laut zu sein.
Die Laute dienen immer einem Zweck, zum Beispiel der Verteidigung des Territoriums oder der Warnung vor Raubtieren. Nicht zu vergessen der Balzruf für die Fortpflanzung. Das sind die lautesten Tiere der Erde:

- Platz 5: der Löwe. Er kann mit bis zu 114 dB brüllen. Das hört man in der Savanne noch in 8 km Entfernung.
- Platz 4: Wenn die Männchen der Grünen Krämerzikade nach einem Weibchen rufen, tun sie dies mit über 120 dB.
- Platz 3: Die Bulldoggen-Fledermaus nutzt ihren sehr lauten Ultraschall-Ton – über 140 dB, lauter als eine Kettensäge – um Bewegungen von Fischen aufzuspüren.
- Platz 2: Der Blauwal erreicht 188 dB, lauter als eine Explosion. Unter Wasser ist er über 800 km weit zu hören.
- Platz 1: Der Knallkrebs »Alpheus bellulus« mit über 200 dB. Zum Glück lebt er unter dem Meer, denn bei dieser Lautstärke würden wir Menschen taub werden.

WIE AFFEN MIT EINER SCHLEUDER FLOHEN

TIERE

Im Jahr 2010 floh eine Gruppe von 15 Affen aus einem Forschungsinstitut der Universität Kyoto, Japan – obwohl ihr Wäldchen von einem 17 Meter hohen Elektrozaun umgeben war.

Die Affen benutzten dazu große Äste der Bäume im Gehege als Schleuder. Ein Affe nach dem anderen schleuderte sich über den fast drei Meter entfernten Hochspannungs-Elektrozaun.

Doch die ungewöhnliche Intelligenz, die die Affen für ihre Flucht zeigten, versagte außerhalb der gewohnten Umgebung. Unsicher, was sie mit ihrer neu gewonnenen Freiheit anfangen sollten, blieben sie an den Toren des Forschungszentrums stehen.

Die Forscher konnten die Affen mit Erdnüssen zurück ins Institut locken. Sie vermuten, dass die Affen sich zuvor gestritten hatten und eine Gruppe dann beschloss, zu gehen.

Um eine weitere Flucht auszuschließen, wurden die Bäume in der Nähe des Zauns gefällt. Die Einrichtung in Kyoto ist eines der weltweit führenden Forschungszentren für Primaten. Derzeit leben etwa 80 Affen in der geschlossenen Waldfläche.

DAS VERBLÜFFENDE RECHENSPIEL MIT KLEOPATRA

GESCHICHTE

Was ist aus Sicht der ägyptischen Königin Kleopatra zeitlich weiter entfernt: der Bau der Pyramiden oder die Mondlandung?

Rechnen wir das mal durch. Kleopatra wurde im Jahr 69 v. Chr. geboren, das sind etwa 2000 Jahre vor der Mondlandung. Die großen Pyramiden von Gizeh entstanden um etwa 2600 v. Chr., also etwa 2500 Jahre vor ihrer Geburt.

Das bedeutet, dass Kleopatra zeitlich näher an der Mondlandung, den ersten Fast-Food-Restaurants und dem Internet lebte. Hättest du das gedacht?

DAS LÄNGSTE TENNIS-MATCH ALLER ZEITEN
SPORT

Es ist Dienstag, der 22. Juni 2010. In der ersten Runde des Tennis-Turniers im Londoner Stadtteil Wimbledon stehen sich der Amerikaner John Isner und der Franzose Nicolas Mahut gegenüber. **Beide ahnen nicht, dass ihr Spiel als das längste in die Tennis-Geschichte eingehen würde.**

Da beide Spieler in der Weltrangliste hinten stehen, beginnt das Match um 18.08 Uhr auf einem der kleinsten Plätze. Um 21.07 Uhr wird das Spiel beim Stand von 2:2 wegen Dunkelheit unterbrochen.

Das Spiel geht am nächsten Tag um 14.05 Uhr weiter. Beim Spielstand von 10:9 und 33:32 hat Isner die ersten Matchbälle, die Mahut jedoch abwehrt. Um 17:45 Uhr ist der bisherige Rekord eingestellt, und beide spielen das längste Tennis-Match aller Zeiten.

Beim Stand von 47:47 versagt die elektronische Anzeigetafel. Um 21:13 Uhr wird das Match erneut wegen Dunkelheit unterbrochen. Es steht 59:59.

Der dritte Tag beginnt um 14.05 Uhr. Isner gelingt das erste Break im fünften Satz und damit der Sieg. Nach 11 Stunden und 5 Minuten ist das Match endlich zu Ende. Das finale Ergebnis lautete 6:4, 3:6, 6:7, 7:6 und – du liest richtig – 70:68 für Isner.

OHNE FLIEGEN GÄBE ES KEINE SCHOKOLADE

ESSEN

Der Kakaobaum ist ein kleiner tropischer Baum, der im Schatten größerer Bäume in Mittelamerika, Südamerika, Afrika und Asien wächst.

Die Blüten der Bäume wachsen direkt aus den Stämmen und den unteren Zweigen. Wenn sie bestäubt werden, produzieren sie die wertvollen Samenkapseln.

Die Blüten sind klein, weiß, gewunden, nach unten gerichtet und benötigen winzige Bestäuber. **Hier kommen die Schokoladenfliegen ins Spiel.**

Das sind sehr kleine Fliegen – jede nicht größer als ein Stecknadelkopf. Diese Fliegen scheinen die einzigen Lebewesen zu sein, die sich in die kompliziert geformten Blüten einarbeiten können, um sie zu bestäuben.

Am aktivsten sind die Schokoladenfliegen in der Dämmerung und im Morgengrauen, wenn sich die Kakaoblüten vollständig öffnen.

Jetzt kennst du das Geheimnis: Ohne Fliegen gäbe es keine Schokolade auf der Welt.

WIE DU AM BESTEN LERNST
SCHULE

Kein Kind geht gerne früh schlafen, denn es befürchtet, etwas zu verpassen. Schlafen ist langweilig – aber auch wichtiger, als du denkst.

Erinnerst du dich an die Tage, an denen du nicht genug geschlafen hast? Du fühltest dich müde, schlapp und erschöpft.

Das lag daran, dass am Ende eines anstrengenden Tages dein Gehirn und dein Körper eine Pause brauchen. Während des Schlafs repariert dein Körper kleine Wunden und bekämpft Krankheitserreger.

Auch dein Gehirn ist in der Nacht fleißig. Es sortiert und speichert Informationen. **Ohne Schlaf würdest du nichts Neues hinzulernen können.** Studien haben gezeigt, dass du dir Vokabeln am besten kurz vor dem Schlafen anguckst. Dann werden sie sofort gespeichert.

Wieviel Schlaf brauchst du? Grundschülern werden 10 bis 12 Stunden empfohlen. Auf der weiterführenden Schule reichen 8 bis 10 Stunden. Erwachsenen kommen mit 7 bis 9 Stunden aus.

Der Schlafbedarf ist bei jedem anders. Aber wenn eine wichtige Klassenarbeit ansteht, brauchst du vielleicht etwas mehr als sonst.

MIT MATHE ENTDECKUNGEN VORHERSAGEN

WELTRAUM

Urbain Le Verrier (1811 - 1877) war ein französischer Mathematiker und Astronom. Er ging in die Geschichte ein, weil er den Planeten Neptun entdeckt hat – aber nicht durch Beobachtungen durch ein Teleskop, sondern mit Hilfe der Mathematik.

Der Planet Uranus war 1845 bereits bekannt. Man konnte sogar seine Umlaufbahn um die Sonne berechnen, aber aus irgendeinem Grund verhielt sich seine Bahn nicht wie berechnet.

Anfang 1846 wies Le Verrier nach, dass die Bahnstörungen des Uranus nicht durch die Anziehungskraft der bekannten Planeten verursacht waren – **es musste einen weiteren Planeten geben.**

Auch der englische Student John Couch Adams versuchte, die Position des neuen Planeten zu ermitteln. Der Wettstreit zwischen Le Verrier und Adams entwickelte sich zum nationalen Wettstreit in den Wissenschaften zwischen England und Frankreich.

Im August 1846 konnte Le Verrier die Position des neuen Planeten bestimmen. Ein Monat später schrieb er dem deutschen Astronomen Johann Gottfried Galle. Als der Brief eintraf, machte Galle sich noch am selben Abend in der Berliner Sternwarte auf die Suche und fand Neptun fast genau an der vorhergesagten Stelle.

SCHÖNE SCHWEDISCHE SPRACHE
SPRACHE

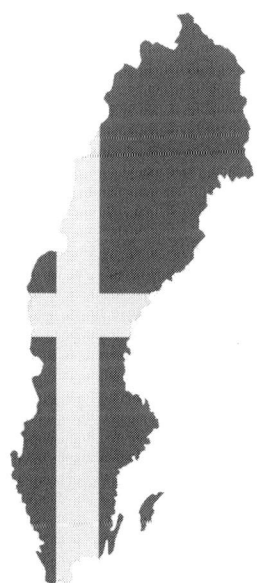

Schwedisch ist die Sprache, in der die Schriftstellerin Astrid Lindgren ihre Bücher schrieb. Sicher kennst du einige Bücher von ihr, zum Beispiel »Pippi Langstrumpf« oder »Ronja Räubertochter«.

Das schwedische Alphabet besteht aus 29 Buchstaben: von A bis Z wie im Deutschen, sowie »Å«, »Ä« und »Ö«. Unser »Ü« gibt es im Schwedischen nicht. Der deutsche Name »Müller« würde im Telefonbuch unter »My« eingeordnet.

Die drei Buchstaben »Å«, »Ä« und »Ö« sind eigenständig. Daher erscheinen in einem schwedischen Wörterbuch die Wörter »dålig« (krank) und »däcket« (Reifen) nicht direkt hintereinander, sondern mehrere Seiten voneinander entfernt.

Witzig: Die schwedische Sprache benutzt dasselbe Wort für »verheiratet« und für das Wort »Gift«, nämlich »gift«. Etwas Ähnliches kennen wir vom deutschen Wort »Mitgift«.

WELCHE KÖRPERTEILE NIE AUFHÖREN ZU WACHSEN

MENSCH

Du wächst ungefähr bis zu deinem 19. Lebensjahr, dann bist du ausgewachsen. Es gibt aber Teile des Körpers, die nie aufhören zu wachsen:

- Haare
- Fingernägel
- Zehennägel

Wissenschaftler streiten noch darüber, ob unsere Nase und Ohren im Verlauf unseres Lebens wachsen. Wenn du dir ältere Menschen ansiehst, dann scheinen ihre Nasen und Ohren größer zu sein.

Eine Erklärung dafür ist, dass der Mensch mit zunehmendem Alter die Eiweiße Kollagen und Elastin abbaut. Sie werden benötigt, um Knorpel für die Nase und die Ohren zu bilden.

Die Knorpelfasern dehnen sich, lassen sich hängen und werden länger. Die Schwerkraft ist schuld.

Auch Wangen und Lippen schrumpfen und verlieren mit dem Alter an Volumen. All das trägt im Alter zum Aussehen einer größeren Nase und größeren Ohren bei.

POCHO, EIN UNGEWÖHNLICHES HAUSTIER

TIERE

Gilberto Shedden, ein Fischer aus Costa Rica, entdeckte 1989 am Ufer eines Flusses ein sterbendes, männliches Krokodil. Es war angeschossen worden, wog nur noch 70 Kilogramm und war dem Tod nahe.

Shedden brachte das Krokodil in seinem Boot nach Hause. Sechs Monate lang fütterte er das Krokodil mit Hühnern und Fischen und gab ihm Medizin. Das Krokodil bekam den Namen »Pocho«. In der Nacht teilten sie sich Sheddens Haus.

Der Fischer simulierte das Kauen von Futter mit seinem Mund, um das Krokodil zum Fressen zu animieren, und gab ihm Küsse und Umarmungen, während er mit ihm sprach und es streichelte.

Der Gesundheitszustand des Krokodils verbesserte sich, und Shedden ließ das Krokodil in einem nahe gelegenen Fluss frei. Am nächsten Morgen erwachte Shedden und stellte fest, dass das Krokodil ihm nach Hause gefolgt war und auf seiner Veranda schlief.

Pocho wurde zur nationalen Berühmtheit. Bis zu seinem natürlichen Tod lebte er 23 Jahre lang bei dem Fischer. Dann wurde er ausgestopft und dauerhaft in einem Museum ausgestellt.

WARUM SCHWIMMER KEINE HAUT ZEIGEN WOLLEN

SPORT

Olympisches Gold zu gewinnen ist für die meisten Schwimmer ein lebenslanger Traum. Daher nutzen Olympiateilnehmer alle ihnen zur Verfügung stehenden Möglichkeiten zum Gewinnen, zum Beispiel das neueste Schwimmtraining oder den »schnellsten Badeanzug«.

Wie kann ein Badeanzug einen Schwimmer schneller machen? Der Schwimmer wird durch Widerstand im Wasser und in der Luft gebremst. Daher versuchen Experten aus verschiedenen Bereichen wie Raumfahrt, Maschinenbau, Medizin, Sportwissenschaft und Bekleidung, den perfekten Badeanzug herzustellen.

Neuartige Badeanzüge sind aus Mikrofasergewebe, das sehr leicht und dicht ist. **Sie sind den Schuppen eines Hais nachempfunden**, der sich besonders schnell im Wasser bewegen kann.

Mittlerweile ist es so, dass der Badeanzug schneller durch das Wasser gleitet als die menschliche Haut. Daher trugen Schwimmer ab dem Jahr 2000 Badeanzüge, die den ganzen Körper bedeckten. Die Folge: viele neue Weltrekorde.

Nun soll aber derjenige gewinnen, der schnell schwimmen kann, und nicht der, der das meiste Geld für den besten Badeanzug ausgibt. Daher sind bei Olympia nur noch halbhohe Badeanzüge erlaubt.

SOMMERFERIEN VON MITTE DEZEMBER AN

SCHULE

Während in Nordeuropa Winter ist, hat der Süden der Erde Sommer. Statt ein bis zwei Wochen Weihnachtsferien in Deutschland genießt man zum Beispiel in Chile drei Monate Sommerferien:

- Australien: Sechs Wochen von Dezember bis Februar.
- Chile: Von Mitte Dezember bis März – über drei Monate.
- China: 2 Monate von Anfang Juli bis Anfang September.
- Deutschland: Sechs bis sechseinhalb Wochen von Juni bis September, je nach Bundesland und Jahr.
- Indien: 10 Wochen von Mitte Dezember bis Ende Februar.
- Irland: 3 Monate von Ende Mai bis Ende August.
- Kanada: Von Juni bis September, 2-3 Monate.
- Mexiko: Etwa 3 Monate von Mitte Mai bis Anfang August.
- Nigeria: Etwa wie in Deutschland.
- Schweden: 9-10 Wochen, von Mitte Juni bis Ende August.
- USA: 2-3 Monate, je nach Bundesstaat.

WAS DIE WELT IM KINO ISST

ESSEN

Kinobesucher in Deutschland naschen vorwiegend Popcorn, Chips, Brezeln und Nachos. Das ist längst nicht überall so auf der Welt:

- **Indische** Kinos sind bekannt dafür, dass sie Samosa servieren, gebratene Leckereien mit Erbsenpüree.
- Im Sommer gibt es in **Griechenland** in Freiluftkinos traditionelle Souvlaki (Fleischspieße).
- In **Kolumbien** gibt es knusprig gebratene Ameisen.
- In **Spanien** kann man im Kino das traditionelle Getränk Calimocho trinken, eine Mischung aus Rotwein und Cola.
- In **Korea** gibt es Tüten mit getrockneten Tintenfischen.
- In Moskau, **Russland**, können reiche Kinobesucher komplette Menüs auswählen, mit Kaviar und Champagner.
- In einem Autokino in Kautokeino, **Norwegen**, wird fettarmes, eiweißreiches Rentier-Trockenfleisch serviert.
- In **China** gibt es getrocknete und gesalzene Pflaumen.
- In **Hongkong** gibt es Curry-Fischbällchen und Shrimps.
- In **Japan** sind Iwashi Senbei, kleine getrocknete Sardinen, der beliebteste Kino-Snack.

DAS GROSSE WISSENS-QUIZ

1. Wer überlebte die meisten Anschläge?
   A) Neil Armstrong (Astronaut)
   B) Margaret Thatcher (Politikerin)
   C) Fidel Castro (Staatspräsident)

2. Warum wurden Achterbahnen erfunden?
   A) Um die Schwerkraft zu testen
   B) Um von Alkohol abzulenken
   C) Um Nierensteine zu entfernen

3. Wann wurde Kleopatra geboren?
   A) Um 69 v. Chr.
   B) Um 2600 v. Chr.
   C) Um 15 n. Chr.

4. Zwischen welchen Ländern fand der harmloseste Krieg aller Zeiten statt?

   A) Niederlande und Scilly-Inseln

   B) Niederlande und Mikronesien

   C) Niederlande und Ostfriesland

5. Warum wurde früher dreckige Wäsche per Paket verschickt?

   A) Damit keiner die Unterhosen sieht

   B) Paket war billiger als ein Waschsalon

   C) Als Muttertagsgeschenk

6. Warum trugen Piraten Augenklappen?

   A) Um mit dem Gewehr besser zu zielen

   B) Es sah Furcht einflößender aus

   C) Um das verdeckte Auge an die Dunkelheit zu gewöhnen

7. Warum wurde Lesen als Bedrohung angesehen?

   A) Leser würden kurzsichtig werden

   B) Leser würden Anstand und Moral verlieren

   C) Leser würden nicht auf die Straße achten

8. Wo steht die größte Bowlingbahnanlage?

A) In Japan

B) In den USA

C) In Frankreich

9. Welcher Fußballspieler wechselte sich zum DFP-Pokalsieg ein?

A) Bastian Schweinsteiger

B) Günter Netzer

C) Franz Beckenbauer

10. Wie heißt das Finale der American-Football-Liga?

A) Super Cup

B) Super Soup

C) Super Bowl

11. Welchem Tier sind moderne Badeanzüge nachempfunden?

A) Den Schuppen eines Hais

B) Dem Fell eines Bären

C) Der Speckschicht eines Wals

12. Wie oft traf ein Billardspieler hintereinander ins Loch?

A) 226 Mal

B) 426 Mal

C) 626 Mal

13. Wo fand die Fußball-Weltmeisterschaft 1994 statt?
   A) In den USA
   B) In Mexiko
   C) In Brasilien

14. Welche Spaß-Sportart gibt es wirklich?
   A) Pudelweitwurf
   B) Extrem-Zeitunglesen
   C) Frauentragen

15. Woraus bestehen olympische Goldmedaillen vorwiegend?
   A) Gold
   B) Silber
   C) Kupfer

16. Wie lange dauerte das längste Tennis-Match?
   A) 15 Stunden, 1 Minute
   B) 11 Stunden, 5 Minuten
   C) 5 Stunden, 11 Minuten

17. Warum hat der Mond mehr Krater als die Erde?
    A) Der Mond hat keine Schutzatmosphäre
    B) Es regnet häufiger auf dem Mond
    C) Zufall

18. Warum ähneln sich Sonne und Mond?
    A) Sie sind am selben Ort entstanden
    B) Sie sind zur selben Zeit entstanden
    C) Zufall

19. Wer benannte ein Mars-Raumschiff?
    A) Eine Sechsklässlerin
    B) Eine Lehrerin
    C) Der US-Präsident

20. Wofür wird im Weltall Klebeband benötigt?
    A) Um Weihnachtsgeschenke einzupacken
    B) Um verrückt gewordene Astronauten zu fesseln
    C) Für Freizeitaktivitäten wie Basteln

21. Welcher Planet wurde mathematisch vorhergesagt?
    A) Saturn
    B) Jupiter
    C) Neptun

22. Was ist der häufigste Buchstabe in der deutschen Sprache?
   A) Das »E«
   B) Das »N«
   C) Das »I«

23. Gab es zuerst die Orange als Frucht oder als Farbe?
   A) Zuerst die Farbe, dann die Frucht
   B) Zuerst die Frucht, dann die Farbe
   C) Beides gleichzeitig

24. Wie viele Töne unterscheidet die chinesische Sprache Mandarin?
   A) Nur zwei, hoch und tief
   B) Drei, hoch, mittel und tief
   C) Vier bis fünf

25. Wenn du lügst …
   A) … blinzelst du gar nicht.
   B) … blinzelst du seltener.
   C) … blinzelst du häufiger.

26. In welcher Sprache wurde das Buch »Pippi Langstrumpf« geschrieben?
   A) Auf Französisch
   B) Auf Schwedisch
   C) Auf Englisch

27. Das dänische Wort »hyggelig« bedeutet auf Deutsch …
   A) »gemütlich«
   B) »hügelig«
   C) »überdick«

28. Wie hoch ist die Wahrscheinlichkeit, dass zwei Schüler in einer Klasse mit 23 Schülern am selben Tag Geburtstag haben?
   A) Etwa 50%
   B) Etwa 20%
   C) Etwa 1%

29. Welche Farbe siehst du, wenn du die Augen schließt?
   A) Schwarz
   B) Eigengrau
   C) Gar keine Farbe

30. Wer hat den bunten Zauberwürfel erfunden?

A) Ernő Kubik

B) Ernő Klobik

C) Ernő Rubik

31. Wie weit ist die Sonne von der Erde entfernt?

A) 150 Millionen Kilometer

B) 150 Milliarden Kilometer

C) 150 Billionen Kilometer

32. Welche Stadt hat die meisten Einwohner?

A) Delhi, Indien

B) Tokio, Japan

C) Shanghai, China

33. Wie heißt das Wetterphänomen, wenn Regen verdunstet, bevor er auf die Erde trifft?

A) Vargi

B) Virga

C) Volvo

34. Wo findet man einen Fluss mit kochendem Wasser?

A) Im australischen Dschungel

B) Im brasilianischen Dschungel

C) Im peruanischen Dschungel

35. Wie groß ist Anteil der Sahara-Wüste, der sandig ist?

A) Ein Viertel

B) Die Hälfte

C) Drei Viertel

36. Warum folgten 20.000 Bienen einem Auto?

A) Das Auto war vollgepackt mit Limonade

B) Das Auto hatte eine Blümchenmuster-Lackierung

C) Die Königin war im Kofferraum

37. Warum ist eine Computer-Tastatur nicht im Alphabet angeordnet?

A) Um dich auszubremsen

B) Für ein heiteres Suchspiel zwischendurch

C) Es enthält eine versteckte Botschaft

38. Warum fielen Frösche vom Himmel?

A) Ein Tornado saugte sie aus einem See auf

B) Frösche sprangen von einem Bergsee auf Regenwolken

C) Bei einem Zoo-Transport fielen sie aus dem Flugzeug

39. Was wurden Pferde mittels Zeichensprache gefragt?

   A) Ob sie verliebt sind

   B) Ob sie Futter haben wollen

   C) Ob sie eine Decke tragen möchten

40. Wie flohen Affen aus einem Forschungsinstitut in Japan?

   A) Mit einem Nachschlüssel

   B) Mit einer Baum-Schleuder

   C) Mit einer Räuberleiter

41. Wo tragen Grashüpfer ihre Ohren?

   A) Am Kopf

   B) Am Bauch

   C) An den Fußsohlen

42. Was ist das lauteste Tier der Erde?

   A) Der Löwe

   B) Der Blauwal

   C) Der Knallkrebs »Alpheus bellulus«

43. Wer war Pocho?

   A) Ein Krokodil

   B) Ein Nashorn

   C) Eine Springmaus

44. Welches Tier tötet die meisten Menschen?

   A) Der Hai

   B) Die Schlange

   C) Die Stechmücke

45. In welchem Land werden die meisten Hausaufgaben aufgegeben?

   A) In China

   B) In Deutschland

   C) In Singapur

46. In welchem Land gibt es Mitte Dezember Sommerferien?

   A) In Nigeria

   B) In Australien

   C) In Mexiko

47. Wie oft kannst du ein DIN A4-Blatt in der Mitte falten?

   A) Bis zu sieben Mal

   B) Bis zu zehn Mal

   C) Bis zu fünfzehn Mal

48. Was ist das Abilene-Paradox?

A) Alle tun, was alle wollen

B) Alle tun, was einer will

C) Alle tun, was keiner will

49. Warum verdaut dein Magen sich nicht selbst?

A) Weil ihm die Fresszellen fehlen

B) Weil er nicht kräftig genug ist

C) Weil Schutzschleim ihn aufhält

50. In welchem Land musst du nicken, um zu verneinen?

A) In Argentinien

B) In Bulgarien

C) In Pakistan

51. Wovon bekommst du orangefarbene Haut, wenn du zu viel davon isst?

A) Mit roten Äpfeln

B) Mit roten Paprika

C) Mit Karotten

52. Wer hat mehr Haare: Mensch oder Schimpanse?

A) Der Mensch

B) Beide etwa gleich viel

C) Der Schimpanse

53. Welches Körperteil hört nie auf zu wachsen?
   A) Der Bauch
   B) Das Kinn
   C) Die Zehennägel

54. Welches Gemüse kann man beim Wachsen hören?
   A) Der Rhabarber
   B) Der Löwenzahn
   C) Der Wirsingkohl

55. Wer erfand das Eis am Stiel?
   A) Ein elfjähriger Junge aus den USA
   B) Eine vierfache Mutter aus Island
   C) Ein 200 Jahre altes Unternehmen aus Japan

56. Welcher Stoff steckt in der Ananas, der deine Zunge rau macht?
   A) Acetylsalicylsäure
   B) Bromelain
   C) Phosphor

57. Was essen Japaner im Kino?

A) Gesalzene Pflaumen

B) Getrocknete Sardinen

C) Gebratene Ameisen

58. Stammen grüne, gelbe und rote Paprika von derselben Pflanze?

A) Ja

B) Nur die gelben und roten

C) Nein

59. Warum spielen Fast-Food-Ketten laute Musik?

A) Damit du schneller isst

B) Um Werbung für die Musik zu machen

C) Um von der Einrichtung abzulenken

60. Ohne welches Tier gäbe es keine Schokolade?

A) Bienen

B) Fliegen

C) Spinnen

ANTWORTEN

1C, 2B, 3A, 4A, 5B,
6C, 7B, 8A, 9B, 10C,

11A, 12C, 13A, 14C, 15B,
16B, 17A, 18C, 19A, 20B,

21C, 22A, 23B, 24C, 25C,
26B, 27A, 28A, 29B, 30C,

31A, 32B, 33B, 34C, 35A,
36C, 37A, 38A, 39C, 40B,

41B, 42C, 43A, 44C, 45A,
46B, 47A, 48C, 49C, 50B,

51C, 52B, 53C, 54A, 55A,
56B, 57B, 58C, 59A, 60B

BAND 1: 100 VERBLÜFFENDE FAKTEN FÜR COOLE KIDS

Band 1 der Buchreihe »Fakten für coole Kids« bietet Antworten auf spannende Fragen wie

- Wo fährt man mit einer Seilrutsche zur Schule?
- Wer ist der dümmste Bankräuber aller Zeiten?
- Warum gefriert heißes Wasser schneller als kaltes?
- Wer erfand Glitter und warum?

- Wie viele Leute brauchen wir für eine Weltraumkolonie?
- Warum hatten Europäer früher Angst vor Tomaten?

Erfahre unglaubliche Fakten in den zehn Themenbereichen Sport, Weltraum, Mensch, Wissenschaft, unsere Welt, Geschichte, Schule, Sprache, Essen und Tiere.

Kann man Astronauten Pizza liefern? Welcher Herrscher war immun gegen Gift? Was haben Giraffen und Sofas gemeinsam? Mit welchen Tricks kann man schneller multiplizieren?

Viele Bilder, eine einfache Sprache und kurze Texte machen das Buch auch für Lesemuffel zum Vergnügen. Mit großem Wissens-Quiz.

Kundenstimmen auf Amazon.de:

»Meine beiden Jungs kommen nach Hause und streiten sich als Erstes um das Buch. Sie suchen sich dann was Cooles raus und können es gar nicht abwarten, es mir oder dem Papa zu erzählen!« - Elisa

»Hab das Buch für meinen Neffen gekauft, und er ist begeistert. Er hört gar nicht mehr auf, über das Buch zu sprechen. Ganz klar weiterzuempfehlen.« - Nora

»Echt genial! Es fördert ungemein den Drang zu mehr Wissen. Wir haben als Familie viel geschmunzelt und gelacht. Und von einigen Fakten sprechen wir immer noch.« - Ralf Lendi

Jetzt bei Amazon erhältlich!

- ISBN 978-3-948577-04-9 (eBook)
- ISBN 978-3-948577-05-6 (Taschenbuch)
- www.signifant.de

BAND 3: 100 UNGLAUBLICHE FAKTEN FÜR COOLE KIDS

Noch mehr Lesespaß für dich! Band 3 führt die Reihe »Fakten für coole Kids« fort. Erlebe wieder einmal verblüffende und unterhaltende Fakten. Du erfährst die Antworten auf spannende Fragen wie

- Wie schnell entstehen Berge?
- Welches Lied wurde auf dem Mars gespielt?
- Warum gab es Katzen, die Post austrugen?

- Wie viele Bade-Enten schwimmen im Meer?
- Wie lagert man Eis in der Wüste?
- Welcher Sportler brach sechs Weltrekorde in einer Schulstunde?

Erfahre unglaubliche Fakten in den zehn Themenbereichen Sport, Weltraum, Mensch, Wissenschaft, unsere Welt, Geschichte, Schule, Sprache, Essen und Tiere.

Viele Bilder, eine einfache Sprache und kurze Texte machen das Buch auch für Lesemuffel zum Vergnügen. Mit großem Wissens-Quiz.

Kundenstimmen auf Amazon.de:

»Der Inhalt ist super interessant. Es gibt so viele Fakten, bei denen man denkt: ›wie cool ist das denn‹. Und am Ende gibt es noch ein Quiz. Mega empfehlenswert.« - Vale

»Habe dieses Buch für meinen Sohn gekauft. Er ist richtig begeistert, und ich selbst finde es unglaublich, was für spannendes Wissen darin steckt. Sehr empfehlenswert!« - Christian

Jetzt bei Amazon erhältlich!

- ISBN 978-3-948577-08-7 (eBook)
- ISBN 978-3-948577-09-4 (Taschenbuch)
- www.signifant.de

BAND 4: 100 ÜBERRASCHENDE FAKTEN FÜR COOLE KIDS

Endlich ist Band 4 da! Freue dich auf den neuesten Band in der Reihe »Fakten für coole Kids«. Die Welt ist voll von überraschenden, unterhaltsamen und lehrreichen Fakten, wie zum Beispiel

- Was passiert, wenn man Ratten kitzelt?
- Wie kann man Zwillinge unterscheiden?

- Warum schnarchen Astronauten nicht?
- Was war das verrückteste Fußballspiel?
- Wie überlebt man alleine auf dem Meer?
- Welche 7 Dinge kannst du nicht gleichzeitig tun?

Erfahre unglaubliche und überraschende Fakten in den zehn Themenbereichen Sport, Weltraum, Mensch, Tiere, unsere Welt, Geschichte, Schule, Sprache, Essen und Wissenschaft.

- Wann verordnen Ärzte ein Computerspiel?
- Welches Tier hat grünes Blut?
- Was ist Extrembügeln?
- Wie verhandelte Julius Cäsar?
- Welcher Fußballprofi konnte kein Fußball spielen?
- Wie können Tiere sich selbst verarzten?

Viele Bilder, eine einfache Sprache und kurze Texte machen das Buch auch für Lesemuffel zum Vergnügen. Mit großem Wissens-Quiz.

Jetzt bei Amazon erhältlich!

- ISBN 978-3-948577-12-4 (eBook)
- ISBN 978-3-948577-13-1 (Taschenbuch)
- www.signifant.de

SPASS UND FREUDE AM EINMALEINS

Spaß und Freude am Einmaleins? Mit diesem Übungsheft wird es möglich! Mit mehr als 800 Aufgaben auf über 110 Seiten bietet das Übungsheft wochenlangen Lernspaß.

Schenken Sie Ihrem Kind Freude und Spaß am Einmaleins und gute Noten im Mathematik-Unterricht.

Ihr Kind lernt das Einmaleins wie im Einzelunterricht:

- Pädagogisch aufgebaute Einzelschritte bis zum vollständigen Einmaleins
- Sanfter Einstieg vom Plusrechnen zum Malrechnen
- Alle Themen des Unterrichts wie Kern-/Königsaufgaben, Verdoppeln, Halbieren und Quadratzahlen
- Geschicktes Multiplizieren mit Rechentricks, Tausch- und Nachbaraufgaben
- Behutsame Einführung in die Division mit den Themen Aufteilen, Verteilen, Halbieren und Umkehraufgaben
- Textaufgaben und Sachaufgaben
- Mit Einmaleinstafel und Einmaleinstabelle

Das Selbstlernheft ist in der Praxis erprobt, und die Übungen sind von Grundschullehrern empfohlen.

Kundenstimmen auf Amazon.de:

»Die Übungen sind interessant aufgebaut. Mit Bildern und Beispielen werden die Übungen Schritt für Schritt erklärt.« - Stefan Neumann

»Da meine kleine Prinzessin so ihre Probleme mit dem 1 x 1 hat, habe ich ihr dieses Buch geschenkt. Und jetzt hat sie sogar Spaß daran. Was bin ich froh, dass ich dieses Buch gefunden habe.« - C. M.

Jetzt bei Amazon erhältlich!

- ISBN 978-3-948577-22-3 (Taschenbuch)
- www.signifant.de

Printed in Poland
by Amazon Fulfillment
Poland Sp. z o.o., Wrocław

74170203R00080